AF204235

luftschacht

WORTLAUT 24. VERSPRECHEN

Der FM4 Kurzgeschichtenwettbewerb. Die besten Texte.

Herausgegeben von
Zita Bereuter & Claudia Czesch

Luftschacht Verlag

© Luftschacht Verlag – Wien 2024
luftschacht.com

Einzelrechte © jeweils bei den Autor*innen
Herausgegeben von Zita Bereuter und Claudia Czesch.

Die Wahl der angewendeten Rechtschreibung obliegt
dem/der jeweiligen Autor*in. Layout- und Formatvorgaben
der einzelnen Texte wurden in der Regel beibehalten.

Covergestaltung: Julian Tapprich – *juliantapprich.com*
Korrektorat: Luftschacht
Satz: Luftschacht, gesetzt aus der Metric und der Noe

Druck und Herstellung: druck.at

Gefördert von der Stadt Wien Kultur.

ISBN: 978-3-903422-48-3
ISBN E-Book: 978-3-903422-49-0

Inhalt

PLATZ 4 (in alphabetischer Reihenfolge)

DIE HERAUSGEBERINNEN

„Das Wortlautversprechen"

„Ich habe ja jahrelang geschrieben und habe mich aber eigentlich gar nicht richtig getraut, das herzuzeigen, weil ich einfach generell sehr unsicher bin und noch mal unsicherer, wenn es um mein Schreiben geht. Und als ich dann damals beim Wortlaut Wettbewerb erst auf der Longlist war und dann auf der Shortlist und am Ende auch gewonnen habe, war das für mich wirklich so ein ganz wichtiger Moment."

Matthias Gruber hat 2020 mit seinem ersten Platz bei Wortlaut, dem FM4 Kurzgeschichtenwettbewerb die Bestätigung und Motivation erhalten, um unbedingt weiterzuschreiben. 2024 wurde sein Debütroman *Die Einsamkeit der Ersten ihrer Art* mit dem Rauriser Literaturpreis ausgezeichnet. Derartig prächtige Entwicklungen können wir nicht allen versprechen. Aber wünschen!

Wir versprechen mit diesem Sammelband jedenfalls sehr viel – war das Wettbewerbsthema von Wortlaut 2024 doch „VERSPRECHEN".

Insofern hatte die redaktionelle Vorjury – die FM4 Redakteur:innen Zita Bereuter, Jenny Blochberger, Claudia Czesch, Ali Cem Deniz, Conny Lee, Maria Motter, Livia Praun, Lena Raffetseder, Lisa Schneider, Christoph Sepin, Simon Welebil und Jürgen Lagger vom Luftschacht Verlag – einen Sommer voller Versprechen: rund 600 Einsendungen haben uns erreicht. Herzlichen Dank an alle, die einen Text eingereicht haben!

Großen Dank auch an die Vorjury, die stundenlang diese Kurzgeschichten gelesen, mit Notizen versehen, weitergereicht, wieder gelesen und wieder und wieder und wieder – bis sie bei einer Sitzung schließlich zwanzig Texte ausgewählt hat. Diese wurden dann anonymisiert und in einem einheitlichen Layout an die Jury weitergereicht.

Kniefall vor der großartigen Jury, die – übrigens ohne Honorar – ihre Zeit und Energie in die Auswahl der hier vorliegenden zehn Kurzgeschichten gesteckt hat. Applaus und tausend Dank an: **Raphaela Edelbauer** (Autorin), **Mareike Fallwickl** (Autorin und Literaturvermittlerin), **Janett Lederer** (Gewinnerin Wortlaut 2023), **Clemens Setz** (Schriftsteller und Übersetzer) und **Robert Stadlober** (Schauspieler und Musiker).

Einblicke in die Jurysitzung gibt Mareike Fallwickl auf Seite 11.

Die Bandbreite der Versprechen ist groß: sei das eine wütende Mädchengang, eine neurodiverse Erzähler:in, die sich irrsinnig aufregt, wenn sich jemand verspricht oder eine WG mit Karmakasse im Badezimmer. Sei es ein rotes Diplom, das die Zukunft, Postkartensprüche, die eine heile Welt versprechen oder eine versprochene Überraschung. Seien es Versprechen der Schwerkraft, eines Pflegers oder am Sterbebett, oder das Versprechen bei Wörtern aus einer anderen Sprache. **Mirandolina Babunashvili, Marlene Fleißig, Nina Heller, Elvis Jarrs, Laura Nunziante, Mario Petuzzi, Madeleine Prahs, Astrid Radner, David Samhaber** und **Etienne Thierry** versprechen in ihren Kurzgeschichten erfreulich viel. Kompliment und Gratulation!

Möge dieser Sammelband das erfüllen, was sich die Jury von einem guten Buch verspricht: „Unerwartbarkeit und Originalität." „Zauberei mit einem bestimmten Ton." „Eine originelle Wendung." „Ich will von einem guten Buch haben, dass es mich aufwühlt, ich muss mich gar nicht auf positive Weise damit identifizieren können. Ich will, dass es mich nicht loslässt und dass ich viel darüber nachdenken muss."

Die Herausgeberinnen

Zita Bereuter und **Claudia Czesch**

Portraits zur Jury und alle Infos zu Wortlaut, dem FM4 Kurzgeschichtenwettbewerb sind auf *fm4.orf.at/Wortlaut*

„Was für ein Zirkus"

Direkt vor dem Haus, in dem ich wohne, ist ein Skilift. So ein kleiner Schlepper, wie wir ihn in Österreich an jeden Hügel klatschen, ich kann von meinem Balkon aus den Leuten beim Skifahren zuschauen. Oder eher: Ich kann von meinem Balkon aus die Eltern hören, die bei den Kinder-Skirennen laut schreien. Und jedes Mal denk ich, lasst's die Kinder runterwedeln und ein paar Tore mitnehmen, ist doch egal, wer gewinnt. Ob jemand gewinnt. Das ist freilich in einem Land wie Österreich, das den Wettbewerbsgedanken sehr verinnerlicht hat, fast blasphemisch. Ich hab den Wettbewerbsgedanken so wenig verinnerlicht, er und ich befinden uns nicht einmal im selben Raum. Wenn etwas messbar ist, Zeit oder Höhe oder Schnelligkeit, spielt wenigstens ein greifbarer Wert eine Rolle: eine Millisekunde schneller geschwommen, also gewonnen, ein paar Millimeter weiter gesprungen, also gewonnen. Ich halte die Enttäuschung derer, die auf dem vierten oder siebten oder zwölften Platz landen, schwer aus, und den Kapitalismus hinter der ganzen Maschinerie halte ich auch schwer aus. Dass es zutiefst menschlich sei, andere übertrumpfen zu wollen, wird mir gern erklärt, dass das was mit Evolution zu tun habe und Kraft und Selbstbehauptung. Ich halte das für erfunden, es geht bei Sportwettbewerben viel mehr um die Überbetonung leistungsstarker, nicht beeinträchtigter Körper, die in unserem Gesellschaftssystem als Ideal gelten, um Nationalstolz und viel Geld. Noch schlimmer ist es, wenn da kein messbarer Wert ist, sondern eine Jury. Sämtliche Fernsehformate, in denen Models bewertet, Kuchen zerschnitten, Tanzbeine geschwungen und Löffel verkostet werden, sind mir ein Graus. Können wir nicht alle diese Menschen, ihre Körper und ihre Kreationen feiern? Sie sind in der Lage, zehnstöckige

Torten zu backen, mit wenigen Zutaten in aller Eile grenzgenial zu kochen, eine komplizierte Salsa-Choreografie zu lernen, sich im Bikini im acht Grad kalten Wasser zu räkeln und dabei bikiniverkaufsfördernd zu lächeln: Ich lieb sie alle, ich geb ihnen allen superviele Punkte, niemand soll besser sein als die anderen, niemand soll schlechter sein als die anderen, niemand soll nachhause gehen müssen! Dass es dann aber keine Show gebe, wird mir gern erklärt, dass die Zusehenden Drama wollen und Konkurrenz, Jubel und Tränen. Ich weiß nicht, ob wir das wollen oder einfach nur gelernt haben, es anzuschauen.

Umso glücklicher bin ich, dass meine Kinder seit vielen Jahren bei einem Zirkus mitmachen. Im Zirkus ist nämlich niemand der/die Beste, sämtliche Kunststücke entstehen durch Zusammenarbeit. Wenn einer oben durch die Luft wirbelt, geht das nur, weil die anderen ihn unten hochstemmen und auffangen. Es gibt keinen Leistungsgedanken für einen Einzelnen, der gewinnen muss, es gibt die gemeinsame Leistung der Gruppe. Als ein Mädchen aus der Ukraine zum Zirkus gestoßen ist, das zuhause bereits Showdance gemacht hatte und richtig coole Sachen konnte, haben die anderen Kinder angefeuert und bejubelt. Sie waren kaum fähig, sich miteinander zu verständigen, aber mit ein paar Brocken Englisch, Körpersprache und Geklatsche haben alle klargemacht: Du bist hier willkommen, wir nehmen dich in unseren Kreis auf, lass uns gemeinsam geile Kunststücke machen.

Umso lustiger ist es, dass ich in der Jury für den Wortlaut-Kurzgeschichtenwettbewerb gelandet bin. Ich bringe so viel Nachdenken über Wettbewerbe mit, so viel Meinung über Jury-Arbeit, dass ich – als FM4 mir einen Platz in dieser Jury angeboten hat – durchaus Lust hatte, mir das Ganze mal hinter den Kulissen anzuschauen. Ich war neugierig auf das Prozedere, und auf die Geschichten auch. Ich hab mir gedacht, dass diese Wortlaut-Sache ein hilfreiches Sprungbrett sein kann für Schreibende, dass das aber bei Weitem nicht so wild ist, wie öffentlich im Fernsehen demontiert zu werden. Als ich die Storys gelesen habe, hatte ich – wenig überraschend – keine Lieblingsgeschichte, die in meinen Augen unbedingt gewinnen musste, manche haben mehr in mir ausgelöst als andere, aber ich war offen für jede Art von Entscheidung. Gemeinsam mit Clemens Setz, Robert Stadlober, Janett Lederer und Raphaela Edelbauer in einer Runde zu sitzen, war dann eh schon eine Ehre für sich – und ich hatte nicht erwartet, dass es so viel Spaß machen würde. Wir waren freundlich und zugewandt, getragen von Wohlwollen und dem Wissen, wie schwer es ist, eine sinnvolle, pointierte Geschichte für einen Wettbewerb aufs Papier zu bringen. Wir haben uns bei manchen Geschichten daran erinnert, dass wir auch mal Anfänger:innen waren, und bei manchen Formulierungen erkannt, dass wir selbst früher ähnlich geschrieben haben – und verstanden, warum wir es heute nicht mehr tun. Das war als kollektives Erlebnis fast ein wenig heilsam. Wir waren selten einer Meinung und konnten uns trotzdem sehr gut einigen. Robert Stadlober war ungemein überlegt und wertschätzend, Raphaela Edelbauers Analysen waren wunderbar klar und am Punkt, Janett Lederer hat aus der sehr bildgenauen Perspektive einer Drehbuchautorin heraus agiert, und die Kritik von Clemens Setz war so gut formuliert, dass ich wünschte, ich hätte mitgeschrieben, um ein kleines Büchlein daraus zu machen, aus dem ich in meinem Alltag zitieren könnte. Wir haben uns den Beiträgen mit sehr viel Achtung genähert, und das war schön. Das war, für mich, die einzig mögliche Art, überhaupt einen Wettbewerb abzuwickeln. Denen, die in diesem Buch vertreten sind, wünsche ich daher, dass sie die Anerkennung als Antrieb nutzen können, um ihren jeweiligen Weg zu finden. Und jenen, die nicht in diesem Buch vertreten sind, möchte ich sagen: Ich finde ja, Wettbewerbe sind nicht so wichtig. Just keep going.

Mareike Fallwickl ist Autorin und Literaturvermittlerin. Neben ihren Romanen *Dunkelgrün fast schwarz* (2018), *Das Licht ist hier viel heller* (2021), *Die Wut, die bleibt* (2022), *Und alle so still* (2024) und verschiedensten Anthologien wie *Das Paradies ist weiblich* (2022), *Unter Frauen* (2024), *Heute ist ein guter Tag, das Patriarchat abzuschaffen* (2024) oder *Und ich –* (2024), schreibt sie für Zeitschriften, Magazine und Zeitungen gesellschaftskritisch mit ebenso scharfem wie witzigem Blick vorwiegend über feministische, queere und diverse Themen. 2025 wird am Burgtheater ihr Stück *Elisabeth!* uraufgeführt.

Wir schwören auf alles

Nina Heller

Foto: Jana Nowak

* 1995 in Ellwangen (Jagst) lebt und schreibt in Leipzig. Sie ist Mitherausgeberin des Literaturmagazins Hot Topic! und studiert am Deutschen Literaturinstitut. Im Herbst 2023 erschien ihr Kurzgeschichtenband *Nachts sind alle Katzen* im Gans Verlag.

„Stopp, stopp", rufen wir und der Sekt schäumt und schäumt über den Rand des Pappbechers, läuft uns über die Hand und wir lecken die Flüssigkeit mit unseren Zungen ab, bevor etwas an uns kleben bleiben kann und dann liegt die grüne Flasche im Gebüsch und wir sind vierzehn und über den Bauzaun auf die Dorfparty des Jahres hinten beim Schützenverein. Schmuggeln uns wie immer beim Pissbaum rein, da schaut niemand genau hin, sowieso schaut niemand jemals genau hin, das ist unser Glück. Wir haben immer Glück. Wir sind aufgeregt. Wir lieben es, Stories zu haben, aber es müssen die richtigen sein. Sich die falschen einzufangen, ist der Tod, ist wie in Scheiße treten und es erst merken, wenn jemand fragt: „Warum riecht es hier nach Scheiße?" Wir wollen, dass es sich lohnt. „Uahh", stöhnt Kathrin auf der anderen Seite des Bauzauns und unsere Köpfe schießen in eine Richtung. An einem weißen Plastikstehtisch lehnt der Typ, der uns in seinem Zimmer die schnell fettenden Strähnen aus dem Gesicht streicht, ganz vorsichtig, egal wie verklebt, der, für den sich unsere Knie an seinem Teppichboden festgesaugt haben wie die Putzerfische an die Scheibe des Aquariums beim Chemiezimmer, der, der uns sagt, wir sollen ihn vor seinen Freunden nicht ansprechen. Alles zu wollen reicht nicht, um es auch zu bekommen, wir bleiben trotzdem, weil es könnte ja vielleicht doch noch.

Jetzt schämen wir uns, unsere Würde ein kleiner Kanarienvogel mit eiterndem Auge auf unseren breitgemachten Schultern. Wir lassen ihn trotzdem nicht einschläfern. Wir lachen besonders laut. Wir bilden einen Kreis. Lagebesprechung. Wir sind auf feindlichem Gebiet, herrschen unser pochendes Herz an, still zu sein, wir wissen ganz genau, was wir tun, warum wir hier sind, sind full on im Mottenmodus und die Nächte voller Lichter, wolkenfreier Himmel. Keine spricht es aus, aber wir sehen es uns an, daran, wie die Augen hin und her huschen, daran, wie wir Vollgas lachen, haben eigentlich alle eine Heidenangst, teilen sie uns wie die ersten Zigaretten, weil uns von einer ganzen, even light, schwindlig wird, scheißen uns ein, also wirklich, ohne Durchfall kurz vorm Losziehen macht es keine von uns. Manchmal muss eine dann warten, weil der Spülkasten so langsam wieder vollläuft und dann steht eine da, in dem blaugekachelten Bad, mit dem Holzschiffchen auf dem Sims und den Muschelstickern an der Duschkabine und schaut sich im Spiegel an und hört dem Gluckern und Tröpfeln zu und riecht sich selbst und draußen die aufgekratzten Stimmen der anderen, das Pochen gegen die Tür: „Raus da, ich muss auch mal!" Das mit dem Dünni ist eigentlich auch nicht so schlecht, dann ist unser Bauch schön flach, so flach wie halt geht, plus man ist schneller hacke. Wir sind gut dabei, gut dabei zu sein. Auch jetzt. Im Gang zu den Toiletten schauen wir uns die gerahmten Gruppenfotos an, zeigen auf die, mit denen wir es machen würden, suchen uns die Hässlichsten und Ältesten raus und fragen, wenn du wählen müsstest, welchen dann lieber. Auf dem Klo teilen wir uns unter einem Zwölfender-Geweih Malibu-Kirsch aus dem Tetra und Sarah ist sechzehn und als Einzige mit richtigem Stempel und nicht über den Zaun drin und wischt sich über die Oberlippe und sagt: „Und dann ist er, behauptet er, *aus Versehen* falsch reingerutscht und ich habe geschrien, er soll sofort rausziehen und er meinte nur saudämlich „ups, sorry, sorry", ich solle mich nicht so anstellen, irgendwann würden wir das eh machen und ich meinte, soll ich dir mal'n Deo in den ..." In der Kabine neben uns übergibt sich eine und Laura, die Empathiewürgerin der Gruppe, fängt sofort an, kehlige Laute von sich zugeben. Wir lachen. „Klappe", sagt sie und würgt wieder, Tränen in den Augen. Wir sind ein Wunder, denken wir. Eine Anomalie. Wir haben uns gefunden in dieser verwinkelten Wirklichkeit, in diesem Frühlingsfest-Spiegelkabinett haben wir uns gefunden. Wir quetschen uns die Hände, schnell und fest und feucht. Wir sind ein Bannspruch, wir sind Alchemie, sind zauberhafte Hexen, wollen alle am liebsten wie Phoebe sein, weil wir Cole am heißesten finden. Wieder draußen reichen wir *Juicy Fruit* rum. Irgendwer schießt jetzt, Platzpatronen, wir finden es auch lustig. Wir kreischen und wir ducken uns vor dem Lauf weg, einer hat ein Loch in der Wade, trotz Platzpatronen. Wir rennen auseinander, wissen doch eigentlich, wer sich im Film aufteilt, geht als erstes drauf. (Keller ca. 2005, *BENQ* Beamer, weißes Leintuch an die Wand genagelt, *Scream*, *Bloody Murder II Closing Camp*, *Eiskalte Engel*, wie Sebastian Cecile überredet, sich das Alphabet *da unten* mit der Zunge buchstabieren zu lassen und wir es endkacke finden, dass er am Schluss stirbt, und noch davor erinnern wir uns an das Bilderbuch, dass uns unsere Mütter früher (vllt 1999) auf Dauerschleife vorlesen mussten. Ihre Hände, die brüchigen Nägel, weißlich von dem härtenden Calciumlack, das Rascheln der Seiten, ihre verstellten Stimmen, um unseren Ansprüchen ans Geschichtenerzählen zu genügen. Alle waren sie da: Mickey, Minnie, Pluto, Chip und Chap, Goofy, Max, Tick, Trick und Track, Daisy und Donald. Wir auch. Alle zusammen wollen wir ein Picknick machen, müssen dafür mit unseren Körbchen durch den tiefen, dunklen Wald und mit jeder Seite, die eine Mutter umblätterte, geht eine der Figuren verloren. Pluto findet einen Knochen und zurück bleibt er. Daisy riecht an einem Gänseblümchen und zurück bleibt sie. Minnie verheddert sich mit der Schleife in einem Ast und zurück bleibt sie. Und am Ende tritt eine allein mit ihrem Körbchen aus dem tiefen, dunklen Wald auf die grüne, saftige Picknickwiese. Wo sind alle hin? Und dann fehlen uns ein, zwei Seiten, weil auf der letzten Seite finden alle wieder zusammen und das Picknick ist ein voller Erfolg, aber wie haben wir es geschafft? Was fehlt uns? Wir starten von vorne, Knochen, Gänseblümchen, Schleife, Lücke, Picknick. Wir starten von vorne. Wald. Lücke. Gerade noch mal alles gutgegangen. Fuck, sagen wir und stehen wieder auf der Picknickwiese, umklammern unser Körbchen und aus Gründen ist da jetzt eine Hütte und die Tür steht einen Spalt offen und wir gehen hinein und im Bett liegt die Großmutter und im Körbchen haben wir Steine und wir treten zur Großmutter ans Bett und sagen: „Ah, die Geschichte, kennen wir, du bist der Wolf" und die Großmutter macht große Augen und wir holen das Jagdmesser aus dem Körbchen und schneiden ihr den Bauch auf, erzählen ihr über ihre Schreie hinweg von den anderen, von Pluto und Goofy und davon, dass beide Hunde sind, aber es trotzdem komplett unterschiedliche Regeln für sie gibt und unser Körbchen wird leichter mit jedem Stein, den wir in den Bauch der Großmutter legen. Wir nähen sie zu. Es bleiben Lücken. Immer überall Lücken. Schon jetzt.)

Die Hollywoodschaukel wippt vor und zurück und Melanie zupft ihr Tanktop unauffällig weiter nach unten, wir sehen die rote Spitze, die wir zusammen ausgesucht haben. Der Große hat seinen Arm hinter uns über die Lehne gelegt, gleich wird er uns berühren. Er hat schon einen Führerschein. Wir denken uns, nur für uns, als würden wir dabei ein Kantholz schlucken: Die bitch macht es auch mit jedem. Aus einem Wagen heraus gibt es Kartoffelsalat und Bulletten aus silbernen Wärmebehältern und Ketchup und Senf zum Pumpen, gelbe und rote Fingerabdrücke auf den Flaschen, auf den Tischen Pappteller, Plastikbesteck, auf dem Boden die zerknüllten Servietten. In dem großen weißen Zelt endlich Musik, endlich Hitze und sogar Nebel, den man hinten auf der Zunge schmeckt. „Was ist das für beschissene Musik???", rufen wir dem DJ zu, wir beugen uns über den Tisch mit weißer Tischdecke, auf dem der

Laptop steht, zu dem Mann in rotem Shirt und Jeans-shorts und er sagt: „Was wisst ihr Gören schon von ech-ter Musik?" Wir wissen: *I get a little bit nervous that the best of all the years have gone by* und wir wissen: *You were just like me with someone disappointed in you.* Auf dem Laptop schwirren Neontunnel und jetzt ist erst-mal Sean Paul angesagt. Beim Tanzen legen wir uns gegenseitig die Hände an die Taillen, reiben unsere Är-sche in den bunten Röhrenjeans aneinander, strecken uns die Zungen entgegen, aber nicht wie Lesben. Nie-mals wie Lesben. An der Wand ein geschnitzter Jesus, jemand hat ihm einen Ast geformt wie ein Gewehr in die Hand geklemmt. Kathrin lässt sich Drinks von dem Typen beim Ausschank ausgeben. U-Boot. Der Schnaps geht nicht im Bier unter, wir schwimmen auch oben auf. Er hatte mal eine Frau, wir glauben sogar eine Toch-ter, jetzt zeigt er uns die Edding-Buchstaben auf sei-nen Fingerknöcheln HEAD und BANG steht da und er packt unseren Hinterkopf mit der HEAD-Hand, sagt mit einem verschmitzten Blitzen in den Augen: „Ver-stehst du, weil im Englischen heißt es *giving head*, das verstehst du noch nicht." Wir verstehen. Wir verstehen alles. Es ist nicht gut, etwas nicht zu wissen, deswegen wissen wir lieber immer alles. Wir sind den anderen immer einen Schritt voraus. Wir erinnern uns mit grel-lem Stolz: erster Schultag alle anderen mit Eastpak und wir so Batikkleid und Handtasche; wie Kindernut-ten sagen ein paar Mütter schadenfroh (und denken: nicht unsere Töchter). Ihre Söhne starten ihre Mopeds, ihre Volvos, ihre VW-Golfs und manchmal sitzen wir, nur wir, auf dem Beifahrersitz. Wir können alles abstreifen wie die BHs am Abend, wir können eine Sache mit zwanzig neuen überlagern, wir sind Oktopusse, wir sind Formwandlerinnen, schlägt man uns einen Kopf ab, wachsen zwei nach und so wird es immer bleiben, das kann gar nicht anders sein. Diese Realität, in der es anders ist, die gibt es noch nicht. Wir verstreuen uns weiter, der Abend dünnt uns aus, dehnt unser Band, wir passen auf, dass es uns nicht schmerzhaft auf die Oberschenkel fitzt. Wenn unsere Blicke sich treffen ein kurzes Nicken, ein Wir-Passen-Aufeinander-Auf, ein WIR sind aber auch unsere eigene Person, auch dann noch, wenn jemand einer von uns das Herz bricht, wir es alle spüren, und gemeinsam malmen wir den Schmerz klein, bis nur feiner Sand zwischen den Zähnen hängt und auf den Zähnen Plastikstreifen, die alles Diamond White machen sollen, die ziepen, wo die Karies sich breitgemacht hat. Wir drängen uns bei einem Heizkörper zusammen, tauschen fahrige Blicke aus, Schweiß in den Brauen. „Schwöre, ich bringe euch um, wenn ihr das weitererzählt", Laura verdreht die Beine, windet sich, als müsse sie dringend pinkeln. Wir zeigen überkreuzte Finger, so viele, wie wir haben und ziehen Mütter und Haustiere und unser Leben und einfach alles heran, weil es uns wirklich ernst damit ist. Wir müssen es wissen. Wir sind grün vor Neid, denken shit, den Vorsprung holen wir niemals auf, nicht mal Sarah. „Jetzt sag schon?? Wie??" Unsere Augen groß und gierig, es passen ganze Stadien hinein, wir brauchen Gewissheit, wir wollen dieses scharfkantige Wissen, sind bereit, die eigene Pfote dafür abzunagen, wenn es sein muss. „Ihr dürft aber nicht lachen." Wir versprechen auf keinen Fall zu lachen. Wir hören: Er hat uns gesehen, als wir den Cousin in der Mittagspause in der Werkstatt besucht haben und er, der Chef, hat sich die Hände in einem Tuch saubergewischt und gegrinst und gesagt, „So so, die Kleine vom Beck." Auf dem PC nur einen Tab voneinander getrennt, myscene.com und rotten.com und während die Mutter die Treppe nach oben ruft, ob das LAN-Kabel draußen ist, sie muss telefonieren Herrgott, lassen wir uns unter den Posteraugen unserer Lieblingsstars beibringen, wie man sich zu bewegen hat und wir wissen, dass er uns besonders macht, wir wissen jetzt endlich, wie es ist, wenn man etwas ganz Besonderes und unser Leben perfekt ist, wenigstens größer als das der anderen. „Und deine Eltern???" „Die haben mich gefragt, ob ich ihn wirklich liebe." „Und???" „Klar." Wir lachen nicht, wir kreischen. „Aber Klappe, klar?" Wir schwören. Wir geben uns gelassen, als die Security ihre Runde dreht, unsere Stempel lebensecht. Vor uns in der Ferne der Pissbaum und er, der sagt, dass er noch fahren kann. Und wir sagen: „Wir können aber nicht versprechen, dass was läuft ... wir sind echt hacke" und er lacht und sagt: „Ich habe sturmfrei." Wir werfen den anderen noch einen schnellen Blick über die Schulter zu, sie wissen Bescheid, dann steigen wir zu ihm ins Auto. Vor uns windet sich der Forstweg, Kies prasselt gegen Blech, die Scheinwerfer huschen über Bäume, über Schilder, über Stoppelfelder und er sagt: „Du bist ganz anderes als deine

Freundinnen." Im Auto riecht es süßlich, wie Zigarre und ein bisschen nach Zimt. Wir nicken. In der Schule verwechseln uns die Lehrer ständig, wir reagieren auch bei den Namen der anderen. Wir haben doch nur einander und das nicht mal wirklich. Da ist ein Bauzaun zwischen uns, einmal nicht aufgepasst, da hatte man ihn aufgestellt, aber wir greifen hindurch und klettern darüber, zumindest versuchen wir es. Die Alternative ist sonst ganz allein sein, für immer, das können wir jetzt schon greifen. Dass es uns gibt und danach sehr lange nichts kommt, und das macht uns Angst. Das ist wie zu lange, ohne zu blinzeln, in den Spiegel gucken und die Gesichtszüge monströs werden zu lassen. Der Weg immer kurviger, die Schatten immer steiler und da ist niemand außer uns. Wir versuchen, das Fenster nach unten zu kurbeln, aber es klemmt. Wir brauchen frische Luft. Irgendetwas stimmt hier ganz und gar nicht, denken wir und da kommt es auch schon über uns. Wir rufen: „Stopp, stopp" und kriegen gerade noch die Autotür auf, bevor sich das Erbrochene in den Graben ergießt, es hört gar nicht mehr auf. Wo kommt das alles her? Vor uns das Stoppelfeld mal orange, dann wieder schwarz. Wir müssen lachen, wegen des Blinkers, im Rachen brennt es erbärmlich und der Rotz glänzt auf dem Handrücken. Wir müssen lachen, weil er sich Sorgen macht, dass ihm jemand reinfahren könnte. Hier ist doch niemand. Wir legen die Hände um den Mund und rufen aus voller Kehle, auch wenn es schmerzt: „Wir sind hier" und wir kriechen aus den Wiesen und den Wäldern und den Scheunen und den

Bauwägen, von den Sofas, aus den noch warmen Betten und sind immer da, um uns gegenseitig die Haare beim Kotzen zu halten und das, obwohl Laura wirklich nicht ... „Alter, kotz leiser, ey", sagt sie, ihr Schienbein auch orange im Takt des Blinkers und Sarah sagt: „Das man wegen Light-Produkten mehr frisst, stimmt übrigens null", schaut sich den Bauchnabel im Seitenspiegel an und Melanie greift vom Rücksitz nach vorne, dreht das Radio lauter, als endlich was von Kesha kommt und Kathrin zieht mit einem Kiesel haarfeine Linien in den Lack, sagt: „Alter spielt wirklich keine Rolle." Wir wischen uns über den Mund. Der von dem Auto stößt die Tür auf, fällt halb aus dem Auto, schreit: „Verpisst euch ihr Schlampen, das ist doch krank. Raus aus meiner Karre. Verpisst euch endlich. Was zur Hölle stimmt nicht mit euch? Das ist ja widerlich." Wir glauben nicht wirklich, dass er recht hat, dass wir wirklich widerlich sind, lassen uns die Zweifel einpacken für später zum Mitnehmen. Er packt eine am Arm, schubst eine andere zur Seite und wir fahren die Nägel in sein Fleisch, wir treten ins Leere, manchmal treffen wir irgendwas, wir sitzen auf dem Hintern und dann schauen wir den Rücklichtern nach. Eine blutet aus der Nase, presst sich das weiße Top dagegen. Wir haben ihm das Atemfrischspray aus der Drogerie in den Augen verteilt und die Bremsschläuche zerbissen, es ist also nur eine Frage der Zeit. Immerhin. Wir lassen uns auf den Rücken fallen, atmen laut, manchmal lacht eine atemlos und über uns alle Sterne, die wir kennen, und beim Waldrand grast ein Reh, reißt ab und an den Kopf nach oben, um zu lauschen, vielleicht kann es hören, wie wir uns wortlos versprechen, für immer aufeinander aufzupassen.

Auf meiner Insel

Etienne Thierry

Foto: Privat

studiert zurzeit im Masterstudium Sprachkunst an der Angewandten in Wien, davor Übersetzen und Dolmetschen u.a. in Genf, unterrichtet Yoga und Meditation, übersetzt zwischen Französisch, Englisch und Deutsch, schreibt viele (nicht so) kurze Texte, einige davon bereits veröffentlicht, ist Mitherausgeber:in der Jenny #12, hat soeben ein Kinderbuch fertig geschrieben und arbeitet am ersten Roman.

Das Referat dauert erst sieben Minuten und achtunddreißig Sekunden. Neununddreißig. Vierzig. Joachim hat schon fünf Wörter falsch ausgesprochen. Schlechter Schnitt. Dinge innerlich aufzählen, auflisten, hilft mir, mich zu beruhigen. Egal was, am besten Musik. Drei Mal davon sagte er das gleiche Wort falsch. Bedinungen. Vier Mal. Ich darf nicht mitzählen, das macht es schlimmer. Ich presse die Augen fest zusammen. Ablenkung. Ich sehe Formen. Farben. Noch fester. Sterne. Die abstrakten Bilder werden bunt. Bewegen sich wie Polarlichter. Normalerweise setze ich in solchen Momenten meine Kopfhörer auf. Musik beruhigt mich. Und ich höre sonst nichts mehr. Oder dumpfes Rauschen. Das hilft. Schlechte Arbeitsbedinungen in Pflegeberufen. Fünf Mal. Augen auf. Ich beginne zu wippen. Vor und zurück. Es ist mir egal, vor und zurück, ob die anderen mich blöd ansehen. Ich möchte mir die Ohren zuhalten. Vor und zurück. Ich darf nicht, ich muss zuhören. Muss das Referat hören. Die Lehrerin sieht mich streng an. Wippen stopp. Was können Arbeitgeber tun, um mehr junge Leute in Branchen zu holen, die als nicht so attraktiv gelten? Ich weiß leider, was kommt. Die Bedinungen ... Ich will ihn anschreien. ... müssen sich von Grund auf ändern. Ich weiß nicht, warum er das Wort so oft verwendet. Mangelberufe. So als wäre es sein Lieblingswort. Bedinungen. Ah, ich muss aus der Klasse rausgehen. Viertagewoche. Geht nicht.

Kopfliste, schnell, gelungene Albencover:
  The Velvet Underground & Nico
  Metallica, Metallica
  The Beatles, The Beatles
  Talking Heads, 77
  The dark side of the ...

Remote work, Emazon, sagt er und: Work-life-balance. Meine Liste hilft nicht. Epple. Nein! Warum spricht er die englischen As wie Es aus? Ich brauche meine Kopfhörer. Ich brauche. Ich darf nicht. Es wäre unhöflich deinen Schulkolleg:innen gegenüber, meinte die Lehrerin. Teesla. Was zum ...? Neun Minuten. Ich halte kein weiteres falsches Wort mehr aus.

Zehn Sekunden.
  Elf.
  Zwölf.
  Dreizehn.
  Vierzehn.

Livia ist heute nicht da. Sie weiß, was mir hilft in solchen Situationen. Letzter Punkt. Oh nein! Im Tourismus, also, äh ... Nein, bitte nicht! Ich muss aufstehen. Ich stehe auf. Besonders im Westen von Österreich. Meine Füße bewegen sich. Von meinem Tisch weg. Saisonarbeit. An den anderen vorbei. Blöde Blicke. Schigebiete. Nach vorne. Komisches Gekicher. Wintertourismus. Richtung Tafel. Mechanisch. Sommertourismus. Die Lehrerin schaut auch blöd. Kichert nicht. Tirol. Bitte nicht! Hin zum Lehrertisch. Vorarlberg. Wo Joachim steht. Powerpointpräsentation. Ich hasse sie. Ich hasse es, was diese Wörter mit mir machen. Mir ist heiß. Ich will nicht. Mangel an Arbeitskräften. Ich kann nicht anders. Sag es bitte nicht! Schwarz. Sterne. Joachim vor mir. Er schaut wie ein Uhu. Redet weiter. Polarlichter. Arbeitsbedinungen. Aus.

I went and walked myself. Tunnel. Tafel. Schmerz. *Like a dog without a leash.* Ich hätte ihm vielleicht ins Gesicht geschlagen. Wenn ich fremde Menschen berühren wollen würde. Und könnte. *Now I'm growling at a stranger.* Aber das vermeide ich. Ich kann nicht. Meine Knöchel tun weh. *I am biting at their knees.* Ich kratze sie mir auf. Ein bisschen Blut. Wenn ich nervös werde. Es eng wird. Stressig. Schwarz. Wenn es hakt. Augen zu. Polarlichter. *And what if I was confident.* Ich schreibe ein Wort an die Tafel. Kreide geht fast gar nicht in meinen Händen. Ich muss es aber schreiben. Bedin g ungen. *Would you just hate me more?*

Lieder, die ich momentan höre und zu meiner Stimmung passen, wenn ich wütend bin:
    „I got heaven" Mannequin Pussy (guter Name)
    „München" Kettcar
    „Say it like you mean it" Sleater-Kinney

„Warum hast du das gemacht?"

Ich sitze und wippe. Papa legt seine Hand sanft auf meinen Nacken. Er darf das. Es beruhigt mich. Seine Stimme ist weich. Aber ich merke den Zorn dahinter. Ich bekomme sicher Ärger. Aber das ist mir egal.

„Er konnte Bedingungen nicht richtig aussprechen!"

„Ach …"

In Papas Stimme ist nun auch etwas Besorgtes.

„Du machst den anderen Angst, wenn du solche Sachen machst, das weißt du doch von der alten Schule, da …"

„Ja, aber er hat …"

„Ich weiß, dass du das nicht kannst, wenn jemand, aber du hast doch mittlerweile schon gelernt, wie du damit umgehen kannst. Mit der Wut und so, wenn sie aufsteigt. Die Lehrerin hat mir erzählt, dass du geschrien hast und …"

„Acht Mal!"

„Was ist acht Mal?"

„Acht Mal hat er es falsch ausgesprochen und dazu noch falsche englische As!"

Mein Name ist Mati. Ich bin sechzehn. Auf meiner Geburtsurkunde steht Matilda. Das passt nicht. Ich fühl mich manchmal auch wie Matthias. Mati ist beides und dazwischen. Das bin ich. Dazwischen. Mehr gibt's dazu nicht zu sagen. Ich schneide mir schon lange die Haare selbst. Weil das immer so ein Drama war, sagte Mama. So wie Arztbesuche. (Fast) niemand greift mich an. Schon gar nicht meinen Kopf. Seit kurzem bin ich auf dieser neuen Schule. Eine Regelschule, genau genommen. Das ist mir wichtig. Außerdem liebe ich kurze Listen. Glatte Flächen. Fast jede Musik. Meine gelben Kopfhörer. Physik. Biologie. Geschichte. Und Sprachen. Ich hasse Fehler. Unreinheiten. Unschärfe. Raue Flächen überall. Liebe aber Wasser. Das fühlt sich glatt an. Also, darin schwimmen. Das passt gut. Denn Mama meinte, dass ich eine Insel bin, ganz einzigartig, ich jedoch hin und wieder andere Menschen vom Festland einladen müsse, sie hätte das gerne. Deswegen, also ihr zuliebe, mache ich das.

Astrid meint, dass ich doch einfach alles aufschreiben soll. Mit Aufzählungen und Listen, wenn mir das mehr liegt. Die Form ist egal. Aber nicht, um Dinge nicht zu vergessen. Das ist nicht nötig. Sondern um zu fokussieren (damit nicht immer alles so wild in meinem Kopf herumschwirrt), zu rekapitulieren (damit ich weiß, worauf ich wie reagieren soll) und zu visualisieren (um die Gefühle anderer besser zu verstehen). Und da mir Sprache so wichtig sei.

„Wie ein Tagebuch?"

„Ja."

„Dafür bin ich zu alt."

„Dann ein Journal."

Ich überlege.

„Möchtest du das probieren?"

„Ja."

„Das ist sicher spannend, wenn du später darin liest."

„Ja."

„Und vielleicht wird ja mal ein Buch draus."
„Nein."

Deswegen schreibe ich alles auf. Sie kam auch auf die Idee mit den Kopfhörern und der Musik. Als ich jünger war, habe ich die Lieder nach Melodie, Rhythmus oder Stimmung (meiner und der des Lieds) ausgesucht, mittlerweile, da ich viel mehr verstehe, ist mir auch wichtig, worüber (wenn) gesungen wird. Astrid meint, ich könnte versuchen, meine Gefühle dadurch auszudrücken. Ich habe nämlich welche. Meine Schwierigkeit ist, und ich verstehe nicht warum, ich kann sie nicht an Worte andocken. Ich weiß, was sie bedeuten. Gefühle sind aber nicht logisch zu kombinieren. Zahlen sind gut. Aufzählungen auch. Da gibt es eine Logik. Das ist klar und glatt. Gefühle sind rau. Bei Musik gelingt es mir inzwischen manchmal, eine Verbindung herzustellen. Ich übe daher weiter und frage Astrid, ob es passt.

Was ich noch alles mag: Schritte zählen (selber, ohne App), Stiegen zählen (ich lasse nie eine Stufe aus), zweisprachige Wörterbücher, den Duden (mein Lieblingsbuch), alle zwölf Bände, gut klingende Sanskrit-Wörter (z.B. Satya, Pratyahara und lustig: Chitta-Vritti), lateinische Namen von Tieren (glis glis, crex crex), (domestizierte Tiere haben keine), und Pflanzen (allium ursinum), generell alles über Evolution, Naturdokus (bevorzugt über urzeitliche Megafauna, Urwälder oder Eiswelten und am liebsten mit David Attenborough, oder Otto Clemens auf Deutsch, diese Stimmen beruhigen mich), sowie Theorien über schwarze Löcher (ich möchte irgendwann mal das CERN besuchen, wenn wir mehr Geld haben, sagt Papa, denn die Reise sei teuer), aktuelle Charts (aber meistens nicht die Lieder darin, schon gar nicht die auf der Eins), Sportergebnistabellen (auch wenn mir der Sport egal ist, am liebsten Schwimmen und Turmspringen), und ganz besonders mag ich verwaiste fremde Einkaufszettel aus Einkaufswägen fischen, also die mit kleinen handgeschriebenen Listen darauf, die sammle ich, nur jene mit Rechtschreibfehlern muss ich sofort wegschmeißen und mich desinfizieren. Es schüttelt mich beim Gedanken daran.

Menschen, die mich (mittlerweile) ohne zu fragen berühren dürfen. Kurz zumindest.

Papa

Oma zwei (von Papa)

Stefan (mein Bruder)

Astrid (meine gute Fee, wie sie Papa nennt)

Livia (SPF-B)

Basalmico. Das hat Mama immer gesagt. Basalmico. Ich halte es nach wie vor nicht aus. Papa hat meine Hand, wenn er dabei war, in der Bewegung abgefangen und gehalten, ganz fest, wie Armdrücken, wenn ich mal wieder. Das tut mir heute noch leid. Aber ich konnte damals nicht anders. Mama hat vieles falsch ausgesprochen. Basalmico und Moazarela. Zusammen oder, wie sie sagte, seperat. Ah ... ! Sogar beim Aufschreiben brauche ich Kopfhörer. *I'm bored to death, let's argue.* Damals war ich dann auch das erste Mal bei Astrid. Ich wollte nicht, aber ich hatte keine Wahl. *What is going on with me?* Ich wollte auch Mama nicht mehr wehtun. Niemandem weh tun. Das alles ist nun schon so lange her. *And maybe I was born confused.* Astrid und ich hatten viele Gespräche, sie hat mir geholfen, wir haben viel gespielt (früher) und ich musste Tests machen. Seitdem bin ich klassifiziert: F84.5 Eine Form davon. Ein A-Wort. Und Raven's APM Set II = 135. *And baby, I was born confused.* Das erkläre so einiges, sagten Mama, Papa, Astrid. Alle. Eine Erleichterung, zu wissen, was los ist. Für die anderen. Mich beunruhigt es. Ich bin einfach so. Und keine Krankheit. *Maybe nothing's going on.* Das ist wie eine Bürde. Es regt mich auf. Polarlichter.

Lieder, die mich momentan beruhigen:
  „Teleharmonic" The Smile
  „Along alone" Bernhard Eder
  „Un beau langage" Fishbach

In Livias Gegenwart fühle ich mich wohl. Das war ein langer Prozess, sagt sie. Ich fasse nicht so schnell Vertrauen und kann mich nur Menschen öffnen, die direkt sind. Und sich glatt anfühlen. Livia ist so. Super glatt. Dass ich mich von jemandem fremden angreifen lasse, dauert noch länger. Livia ist lustig, ich finde sie schön und sie ist meine schulische Betreuerin. Im neunten Jahr. Ich habe einen sonderpädagogischen Förderbedarf. SPF. Dank ihr kann ich in eine Regelschule gehen.

In integrativer Form. So ein blöder Name. Alle Schulen sollten integrativ sein. Sie begleitet mich (fast) jeden Tag und bringt mir bei, wie die Gesellschaft funktioniert, und wie ich mich darin und mit diesen komplexen Richtlinien verhalten soll, um verstanden zu werden und damit ich keine Probleme bekomme, denn aus Büchern alleine könne man das nicht lernen, sagt sie. Außerdem hilft sie mir zu verstehen, wie andere Menschen funktionieren, vor allem, wie ich ihre Gesichter lesen kann, und welche Reaktionen passend wären auf gewisse Dinge, die Menschen machen und sagen, wie zum Beispiel, wenn sie fragen: „Wie geht's?" Dann soll ich nicht sowas sagen wie: „Ich war noch nicht groß auf dem Klo und mein Bauch tut weh." Sondern, und das verstehe ich nicht, einfach nur: „Ganz ok." Das ist unlogisch. Deswegen gelingt es mir noch nicht so gut.

Ich muss erst lügen lernen. Und darf nicht alles glauben. Meint Livia. In einer Doku habe ich erfahren, dass Menschen beim ersten Kennenlernen sich im Schnitt drei Mal anlügen. Das ist erschreckend. Livia erklärte mir das so: das wären nur Notlügen oder kleine Schummeleien und die wären nicht so schlimm. Jede Person mache das. Weil sie zum Beispiel unsicher ist, oder sich in einem besseren Licht darstellen will. Lüge ist Lüge, finde ich. Ich versuche seitdem, zu erraten, was genau diese drei Lügen sind, wenn Menschen das erste Mal mit mir sprechen. Das ist schwierig. Denn ich kenne mich mit Lügen eben nicht aus und kann es nicht. Livia meint auch, das wäre nicht schlimm und eigentlich eine gute Eigenschaft. Das ist ein bisschen wie mit Humor. Den verstehe ich auch nicht.

Eine Lüge habe ich aber relativ bald erkannt: „Ich werde immer für dich da sein," sagte Mama. Das hat mich später ziemlich wütend gemacht. Livia behauptete damals, dass das technisch gesehen keine Lüge sei und Franziska (Mama) es ehrlich so meinte, nur eben metaphorisch.

Mama kann mich nicht mehr berühren. Sie ist tot. Das ist traurig. Aber ich weiß nicht genau, wie ich das ausdrücken soll. Ich meine, sie fehlt mir. Das macht mich traurig. Und manchmal wütend. Astrid meint, das sei in Ordnung. Aber ich fühle es nicht so, wie ich es fühlen sollte. Zumindest nicht so, wie andere glauben, dass ich fühlen soll. Zum Beispiel: Als Mama starb, fragten mich die Menschen, wie es mir gehe. Ich sagte: „gut", weil es so war und ich das so gelernt habe. Smalltalk. Aber der war an der Stelle anscheinend nicht angebracht. Ganz schön verwirrend. Und es kam das große Entsetzen, manchmal nur in den Augen, und folgender Satz: „Aber deine Mama ist doch tot!" Und ich: „Ja." Oder: „Du armes Kind, aber es geht ihr sicher gut dort, wo sie jetzt ist." Ich: „Sie wird langsam zu Kompost, das freut die Würmer." Manchmal habe ich einen Prozentsatz der Verwesung hinzugefügt. Die Menschen schüttelten den Kopf und sahen mich an als wäre ich verrückt. Aber ich habe die Wahrheit gesagt. Größtenteils sind das Verhalten der Menschen und ihre Worte unlogisch für mich. Sie meinen nicht immer das, was sie sagen. Nett ist oft nicht nett, habe ich bemerkt.

Fragen oder Sätze an mich nach Mamas Tod und meine Antworten:

Das muss so hart sein, du armes Kind? Nein.

Ist sehr schlimm für dich, oder? Nein. (Das ist überhaupt eine komische Frage.)

Mein Beileid. Ok.

Mein Beileid. Warum?

Darf ich dich umarmen? Nein.

Warum hat Gott sie so früh von uns genommen? Sie hatte Krebs.

Was Astrid und Livia mich gefragt haben und meine Antworten:

Bist du traurig? Ja.

Vermisst du sie? Ja.

Schon vor Mamas Tod, musste ich regelmäßig zu Astrid. Es hat auch ziemlich lange gedauert, bis ich ihr vertraut habe. Mittlerweile sehe ich sie als Freundin, wie Livia, obwohl ich weiß, dass sie das nicht ist. Astrid spricht immer sehr klar. Deswegen verstehen wir uns. Ich muss nicht smalltalken. Ich muss keine falschen Gefühle zeigen, um sie nicht zu irritieren. Muss nicht sympathisch wirken. Ich darf so sein, wie ich bin. Astrid versucht aber auch, mich über die Gefühle der anderen aufzuklären, die ich meistens nicht verstehe und was ich dabei zu beachten habe.

Wenn ich traurig bin:

    „Bug like an angel" Mitksi

    „Burden of life" Beth Orton

    „Aimer, puis vivre" Christine & The Queens

    „Occasional rain" The War On Drugs.

    „Crowbar" Waxahatchee (tolle Namen, alle)

„Du musst dich bei der Klasse entschuldigen." Astrid sagt oft so Sachen.

    „Wofür?"

    „Es ist verletzend, wenn du eine Person anschreist, weil sie Fehler macht. Fehler sind menschlich. Du machst auch welche, auch wenn du das nicht hören magst, und du willst auch nicht deswegen angeschrien werden. Du kannst sie aber ruhig auf ihren Fehler hinweisen. Dazu habe ich dir jedoch schon erklärt, dass nicht alle Menschen das gerne haben und dann vielleicht ungehalten reagieren."

    Sie sagt Sachen so, dass ich sie logisch finde.

    „Wann kann ich Leute anschreien?"

    „Wenn sie dir wehtun wollen."

    „Falsch ausgesprochene Wörter tun mir weh."

    Ich kenne sie gut, ich kann sie austricksen.

    „Nur, wenn sie dir körperlich wehtun wollen."

    „Ok."

    Hin und wieder ist sie nicht genau. Das verzeihe ich ihr.

Was ich nicht aushalte: Linien, besonders Bruchlinien im Asphalt oder zwischen den Betonplatten am Gehsteig. Ich kann nicht draufsteigen. Wege mit Pflastersteinen sind sehr schwierig. Außer ich erkenne die Logik dahinter. Die gibt es leider oft nicht. Ich mache einen großen Bogen rundherum. Nicht nur einmal musste Papa mich tragen, weil es keinen Ausweichweg gab. Zum Glück gibt es in unserer Straße keine Pflastersteine.

Mit der Hand viele kleine Dinge anfassen. Linsen. Leinsamen. Sonnenblumenkerne. Reis. Das sind Milliarden kleiner, rauer Oberflächen. Zuerst bekomme ich Gänsehaut, es ist wie Elektrizität, die durch den Körper fließt und mich zum Zittern bringt, dann zuckt es, wird stärker und dann brennt eine Sicherung in meinem Gehirn durch. Eng. Schwarz. Tunnel. Wie Elektroschocks, so stelle ich mir zumindest welche vor, ich hatte noch nie einen echten. Polarlichter. Manchmal muss ich schreien. Manchmal muss ich mich am Boden einrollen. Ich esse diese Mikroflächen gerne, aber wenn ich zum Beispiel etwas verschütte, kann ich es nicht selbst wegmachen, Papa, Stefan oder Oma müssen dann diese tausend kleinen Flächen aus der Welt schaffen.

Außerdem: an der Tafel kratzen, quietschende Fenster und Türen, Fahrradbremsen bei Regen, das Geräusch von Straßenbahnen, kratzige Pullover (überhaupt Kratziges), Polyester an Polyester, Zähneknirschen, Käsereiben, Pfirsichhaut. Eigentlich das, was viele andere auch nicht mögen, wie ich gelernt habe. Trotzdem macht mich das nicht normal. In meiner alten Klasse haben sie mich oft so genannt: nicht normal. Deswegen habe ich gewechselt. Du Mongo. Und als wir im Englischunterricht Gemüsesorten gelernt haben: Asparagus-Idiotin.

Ich kann niemals in der Straßenbahn, in der U-Bahn, im Zug, im Bus eine Stange angreifen, (auch fremde Türklinken nicht), das geht nur mit den Ärmeln meiner Jacken oder Pullis oder mit Handschuhen. Was im Sommer voll schwierig ist. Diese Flächen sind oft schmierig und ich weiß, dass andere Menschen sie vor mir angegriffen haben, das ist als würden sie mich angreifen, indirekt quasi ... da falle ich lieber um. Schmutz ist das geringere Übel. Bei Berührungen von Fremden. Polarlichter. Schlimmer als winzige, raue Flächen. Da wird es plötzlich ganz, ganz eng. Und schwarz. Ich komme in den Tunnel. Wieder Polarlichter. Vibrieren, zittern, keinen Platz mehr in der Haut, es ist heiß, ich möchte raus, kratze mich und kratze meine Knöchel, das hilft nicht immer, die Faust in den Mund, und dann, und dann, und dann ... schreie ich, explodiere ich. Und dann bricht alles zusammen. Niemand darf mich mehr angreifen. Bis das Vibrieren nachlässt. Aber das ist alles schon sehr lange nicht mehr passiert. Ich habe gelernt es zu kontrollieren, oder solchen Situationen auszuweichen.

Auch schwierig: Lieder, in denen gestottert wird. Es gibt viele und viele bekannte. Ich habe mich an manche gewöhnt, weil ich sie gut finde. Hin und wieder muss ich dennoch an der Stelle auf *fast forward* drücken. „Poker Face" geht jedoch gar nicht. Zu viele Ps. Lady

Gaga stottert überhaupt in vielen Liedern. TTTTelephone. Ah …

Hier die Liste:

„Blind" von Talking Heads

„Homemade dynamite" von Lorde

„Madness" von Muse

„The Lover" von Idles (Das ist übrigens auch ein gutes Lied, wenn ich wütend bin.)

„Du musst dich anderen mehr öffnen." Livia sagt oft solche Sachen.

„Wieso?"

Sie ist zwar glatt. Und direkt. Aber nicht immer klar.

„Du willst doch Freund:innen haben?"

„Nein."

„Du willst dich mit einem Menschen, den du magst und dem du vertraust, der dich angreifen darf, über deine Interessen austauschen."

„Ja."

„Das nennt man Freundschaft."

„Wie fange ich das an?"

„Es beginnt mit einem Lächeln."

Das kann ich nicht.

„Und Smalltalk."

Verdammt.

Ich habe das Smalltalken probiert: Die anderen in der Klasse reden von ausgehen und tanzen. Mein ganzer Körper schüttelt sich, wenn in nur daran denke. An einem fremden Ort, ganz voll und ganz eng, mit ganz vielen fremden Menschen, vielleicht noch Haut an Haut. Kopfhörer. Polarlichter.

Dabei tanze ich gerne. Allein. Bass. Rhythmus. Und am liebsten, wenn es im Hintergrund noch klappert und gluckert, klickt und klackt in den Liedern.

Momentan zu:

„Fall back" James Blake

„Holding on too long" Hard Feelings

„Linda" Tokischa ft. Rosalía

„Rent (v.)" Gauche

„Gorilla" Little Simz

Ich merke mir alles. Und das schneller. Oft reicht ein Blick. Klick. Foto. Also, genau genommen, merke ich mir alles, was mich interessiert. Und mich interessiert viel. Ich sauge, sauge und sauge es auf. Ich bin ein Schwamm. (Schreckliche Vorstellung.) Die Informationen sind in meinem weichen Gewebe irgendwo für immer abgespeichert. Manchmal muss ich mich nicht stark auspressen und es tropft raus. Manchmal aber bringe ich Sätze nicht mehr vollständig raus, weil sich die Informationen stauen, wie bei einem Trichter läuft es zusammen, und all das, was ich bereits gedacht habe, die fünf Schritte voraus, oder fünfzig, kann nicht auf einmal durch den engen Kanal, den Mund.

Leider habe ich mein Wissen oft ungefragt anderen mitgeteilt. Das kam nicht so gut an. In der alten Schule ging das oft Hand in Hand mit Berührungen. Von Fäusten. Ah... mir graust, allein bei den Wörtern.

Stefan erklärte mir, dass niemand sich dumm fühlen mag. Ich gebe Menschen dieses Gefühl. Das möchte ich nicht. Ich will nur sagen, was ich weiß. Astrid behauptet, ich darf das, aber ich soll vorher überlegen, ob es immer notwendig ist. Das ist verwirrend.

Stefan verwendete aber auch andere Worte: „Niemand mag Obergscheite." Er ist oft gemein zu mir. Er sagt auch, ich sei nicht einzigartig. Sondern eigenartig. Und niemand mag eigenartig. Außerdem: „Du nervst!" Ich verzeihe ihm das, denn das ist erstens ehrlich und zweitens verteidigt er mich trotzdem, wenn andere mich blöd angehen. Er macht bald Matura und ist dann vielleicht nicht mehr so oft bei uns. Bis dahin muss ich noch besser werden, im Gesichter-Lesen. Wenn ich mal besser lügen kann, werde ich mich dümmer machen. Tarnung.

Livia ist in letzter Zeit immer öfter nicht da. Das ärgert mich. Polarlichter. Und beunruhigt mich sehr. Vielleicht ist sie krank. Astrid meint, dass sie ihre Gründe haben wird und das nicht macht, um mich zu ärgern.

„Aber sie hat mir versprochen, dass sie mir durch den Schulalltag hilft. Und Alltag bedeutet jeden Tag."

„Alltag hat eine andere Bedeutung."

„Ist das metaphorisch?" Polarlichter.

„Nein, aber es bedeutet tägliches Leben und nicht unbedingt jeden Tag."

„Ist da ein Unterschied?"

„Ja."

Manchmal ist Sprache ungenau.

Abkürzungen, die ich gut finde:
REM
ABC

OMD
INXS

„Bist du krank, wie Mama?"
    „Nein, ich bekomme ein Kind."
    „Und deswegen kannst du nicht kommen?"
    „Ja."
    „Kannst du nicht ..."
    „Nein." Livia, unmissverständlich klar.
    Polarlichter. Polarlichter. *Thank you for leaving me.*
    Polarlichter.
    Thank you for making me happy.

Mir wäre lieber, Menschen würden nichts versprechen. *If I could go back to a time before now. Before I ever fell down.* Sie können es oft nicht halten. Polarlichter. *I'd go back to a time when I was just a girl.* Livia wird bald ersetzt. *And no good thing could be taken away.* Ich weiß aber nicht, warum ich überhaupt zu jemandem Vertrauen aufbauen soll, wenn sie mich dann erst wieder verlassen. *If I still believed that hearts don't lie.* Polarlichter.

„Hallo Mati, ich bin Anouk, deine neue Betreuer:in."
    „Wirst du mich auch verlassen?"
    „Irgendwann sicher."
    „Ok."
    Klingt ehrlich. *You're gonna be just fine.* Das ist schon mal (vorsichtig) gut, und sie sagt so Sachen wie neurodivers, und nicht das A-Wort, oder spezielle Bedürf-

nisse, die ich nicht habe. Das gefällt mir. Ich überlege kurz, was die drei Lügen sind, die sie mir gleich erzählen wird. *But hey.* Ich bin neugierig. Astrid meint, ein Grund dieser Lügen ist auch, damit sich das Gegenüber wohler fühlt. Sympathiefänger, sagt sie. Mal schauen. *A lot's gonna change.* Ob ich sie einlade.

Das ist schon wieder verwirrend, aber ich fühle mich wohl, irgendwie so:

    (durchwegs gute Bandnamen)

    „Nothing matters" The Last Dinner Party

    „Hawkmoon" Hurray For The Riff Raff

    „Hope" Vampire Weekend

    „Ready to start" Arcade Fire

    „What's up?" 4 Non Blondes

Auf meiner Insel.

Karmakasse

Elvis Jarrs

Foto: Privat

Nach Tätigkeiten als Küchenhilfe und internationales Lauf-
stegmodel sowie einem Jahr als Kindergärtner und Innen-
verteidiger in der zweiten costa-ricanischen Fußballliga
studierte Jarrs in Berlin, London, Wrocław, Santa Barbara
und Roskilde. Dazu verdingte er sich unter dem Namen
Mikesh bei A-capella-Rap-Battles und gewann die deutsche Meisterschaft. *Karmakasse* ist seine erste Kurzge-
schichte ever.

Auf jeden Fall ich habe ein OkCupid-Date mit einem Typen der Marco heißt. Bei Marco denkt man ja erstmal irgendwie *uff*, ein sehr rechter Name, gerade mit c, aber Marco ist nicht rechts, das stellt er gleich klar, es ist eher so, dass er das Marcosein fast schon überkompensiert, so einen auf *ich verurteile dich nicht wenn du mich weil ich Marco heiße verurteilst, aber guck doch mal genauer hin:)*

Marco trägt keinen Nagellack, aber auf so eine sehr respektvolle Art, und wenn er etwas sagt, sagt er vorher immer „ich hoffe, es ist okay, wenn ich mir jetzt den Raum nehme". Wir laufen eine halbe Stunde oder so über die Prenzlauer Allee, es ist ein bisschen lame und nieselt, und als Marco fragt, ob ich Lust hab, mit zu ihm hochzugehen um mir seinen authentischen Fake-Stuck anzugucken, sage ich okay. Er wohnt mit zwei anderen Typen in einer Altbauwohnung die entspannte Ostvibes hat, ohne jetzt direkt die Mauertoten oder so zu romantisieren, und der Fake-Stuck ist authentisch, und Marco fragt, ob er sich den Raum nehmen darf, und ich sag ja, und er erzählt, wie er das schon irgendwie kritisch reflektiert, dass er sich diesen authentischen Fake-Stuck in die Wohnung geklebt hat, und dass er da aber schon differenziert, zwischen Fake-Stuck in die Wohnung kleben und diesen reels, wo man lernt, den Old-Money-Look zu reproduzieren, weil Fake-Stuck ein nach innen gewandtes Eingeständnis der Sehnsucht nach einer ästhetischen Einkehr in die bildungsbürgerliche Selbstgewissheit ist und jetzt nicht im öffentlichen Raum so Arbeiter unter Druck setzt oder in ihrem ästhetischen Ungelenk exponiert – wie das der Fall ist, wenn jetzt alle anderen diesen Old-Money-Look fahren und die Arbeiter als einzige so arbeitermäßig rumlaufen und mit ihrem Look alleingelassen werden – außer man lädt irgendwie arme Menschen zu sich nach Hause ein und die sehen den Stuck und schämen sich heimlich, aber wann passiert das schon, wir leben ja alle in unser eigenen Bubble, und ich frage, ob ich auf Klo kann und er sagt klar und zeigt respektvoll auf das Klo im Flur.

Marcos WG hat einen Badezimmermülleimer, aber so einen angenehmen „Wir lassen es nicht raushängen, dass wir einen Badezimmermülleimer haben"-Badezimmermülleimer und darüber ist so ein kleines Regal, in dem Tampons mit unterschiedlichen Saugstärken liegen und Binden und Periodenunterwäsche und vier in Plastik verschweißte Menstruationstässchen in kämpferischem Rot, und drei so Menstruationsdisks, und zwei verschiedene Salben gegen Periodenkrämpfe und darüber eine Pinnwand an der eine Karte von der Umgebung hängt, auf der die Frauenarztpraxen in der Nähe rot eingezeichnet sind, und ausgedruckt daneben das jeweilige Doctolib-Rating angepinnt und die Visitenkarten von den Apotheken in der Prenzlauer Allee, wo so mit gelbem Marker angestrichen ist, wann die jeweils Nachtdienst haben, und neben dem Regal und der Pinnwand ist ein kleines Plateau auf dem ein leeres Marmeladenglas steht mit einem Schlitz und es liegen ein paar Münzen darin und auf dem Glas klebt ein Zettel, auf dem *Karmakasse* steht. Neben dem Spiegel hängt ein Schild, auf dem steht, dass wenn man in diesem Badezimmer ist, weil man gerade ein Date mit Marco, Finn oder GORM hat, und das Date ist scheiße und man will gehen ohne Drama, soll man an der Tür von einem der beiden anderen klopfen und fragen „Sorry, hast du noch Salz?" und der geleitet einen dann respektvoll raus und bringt einen zur Tram oder so, je nachdem, und man muss Marco, Finn oder GORM nicht mehr sehen, versprochen. Ich wasche mir die Hände und merke, dass ich keinen Bock hab mehr auf Marcos Gelaber von Stuck und ästhetischer Einkehr und seine respektvoll nicht-lackierten Nägel. Also gehe ich nicht zurück in Marcos Zimmer, sondern klopfe an einer der anderen Türen und sage „Sorry, hast du noch Salz?" und dahinter ist GORM (vielleicht auch Finn, aber er ist eher so der Typ der GORM heißt) und GORM stellt keine Fragen, sondern springt aus seinem Drehstuhl auf, hebt mich respektvoll hoch und sprintet durch den Flur, an Marcos Zimmer vorbei, aus dem jetzt Jazzmusik kommt, reißt die Wohnungstür auf, setzt mich ab, nimmt meine Hand (respektvoll), wir rennen die Treppen runter, er öffnet uns die Haustür, wir laufen zur Tram. Danke, sage ich, als die M10 einfährt. GORM sieht mich an, vage lächelnd, und sagt „Am Ende des

Tages sind wir alles Menschen". Dann wendet er sich ab und joggt über die gelbe Ampel.

Im Herbst

Mirandolina Babunashvili

Foto: Privat

* 1996, gewann 2018 den hr2-Literaturpreis sowie den Förderpreis beim Eobanus-Hessus-Schreibwettbewerb. Sie ist dreimalige Preisträgerin des Literaturforums Hessen-Thüringen. 2023 war sie Stipendiatin der Werkstatt für junge Literatur in Graz, wo ihr Text mit dem Retzhofpreis ausgezeichnet wurde. 2023/24 war sie Teilnehmerin der Romanwerkstatt „Kölner Schmiede".

Wir kommen zu spät. Erschöpft halten wir inne, unsere Körper vornübergebeugt, schnappen wir nach Luft. Ich muss würgen und drücke eine Hand in meine schmerzende Seite. Zuka zieht die Regenjacke aus. Mit schweren Bewegungen streift er sie langsam ab und wirft sie vor sich auf den Boden. Sein Gesicht glüht, Schweißperlen haben sich auf seiner Stirn gesammelt. Er holt tief Luft und spuckt auf den Boden. Ich sehe mich um und begreife, dass das Unvermeidbare bereits geschehen ist. Sie haben ihr Werk aus Stacheldraht vollendet, der Zaun ist auch hier hochgezogen worden. Die Grenze ist um ein weiteres Stück verschoben worden.

Die Sohlen ihrer Stiefel haben Abdrücke hinterlassen, im Gegensatz zu unseren Sneakern. Die Abdrücke führen zur anderen Seite und lassen sich wahrscheinlich bis zu ihrem Stützpunkt zurückverfolgen. Unsere Augen suchen den Boden nach Hinweisen darauf ab, wie viele von ihnen hier gewesen sind. Natürlich ist das zwecklos, wir stehen bloß dumm rum und keuchen, während sie hinterm Zaun längst in Tarnkleidung übers Feld spazieren oder in der Kaserne Karten spielen.

Ich schaue zu Zuka, der vor den Zaun getreten ist und ihn anstarrt. Auf seiner Stirn haben sich Falten gebildet. Ich will ihm meine Hand auf den Rücken legen, mit den Fingern durch seine Locken fahren. Doch sein Blick, eine Mischung aus Zorn und Erschöpfung, halten mich davon ab.

Was genau wir uns eigentlich erhofft haben, frage ich mich. Ich fühle Erleichterung darüber, dass die Soldaten bereits verschwunden sind, und beiße mir im gleichen Moment auf die Lippe. Dass wir ihnen das nicht durchgehenlassen dürfen, hat Zuka gestern Abend gesagt, obwohl auch sein Koffer seit Tagen schon gepackt ist. Ohne ein Wort zu sagen, dreht er sich von mir weg und läuft zurück.

Wir sitzen uns gegenüber, er auf dem Bett, ich auf dem Klappstuhl. Wir schwitzen. Er hat die Gardinen zugezogen, die Hitze kriecht trotzdem durch den Stoff. Kleine Staubpartikel schwirren durch die Luft, ich spüre ein Kratzen im Hals. Neben dem Bett liegen der große Koffer und ein Rucksack, den Zuka früher als Schulranzen benutzt hat. Im großen Koffer ist noch reichlich Platz, er steht offen, die Oberseite an die Wand gelehnt. Ich frage mich, ob er nicht mehr Kleidung besitzt. Immerhin ist das, was im Koffer liegt, ordentlich zusammengefaltet. Vielleicht hat seine Mutter ihm geholfen. Wir sprechen nicht, teils weil wir müde sind und die Hitze uns zu schaffen macht, teils weil wir uns vor überflüssigen Worten fürchten. Zuka setzt sich in den Schneidersitz, stellt einen Aschenbecher auf dem Kopfkissen ab und zündet sich eine Zigarette an. Wortlos beuge ich mich zu ihm vor und nehme mir eine aus der Packung. Nach ein paar Zügen bekomme ich kräftigen Durst, meine Zunge klebt am Gaumenbogen fest.

„Freust du dich?", frage ich nach einer Weile.

Er zuckt mit den Schultern.

„Freust du dich?", fragt er zurück.

„Nein", sage ich.

Zuka steht auf und kehrt mir den Rücken zu. Er öffnet ein paar Schubladen, in diesem Zimmer gibt es nicht viele Möbelstücke, nur die Kommode, das Bett und den Klappstuhl. Die Wände sind himmelblau gestrichen, die Farbe ist ausgeblichen, an Stellen wo mehr Licht hinfällt. Er holt Kopfhörer, Kugelschreiber und einen Deoroller heraus und wirft sie in den Koffer hinein. Jetzt bin ich mir sicher, dass er ihn nicht selbst gepackt hat.

Ziellos gehen wir durch das Dorf. Ich versuche, nicht langsamer zu werden. Bombora, der Hund, läuft uns eine Weile hinterher, die Zunge hängt ihm aus dem Maul. Die Hitze macht auch ihm sichtlich zu schaffen. Nur mit Einbruch der Dämmerung wird es schnell kühl, dann erst merken wir, dass der Herbst schon da ist. Wir werfen verstohlene Blicke in die verlassenen Häuser, als könnten uns die Besitzer noch dabei erwischen. Bombora hat sich auf die Straße gelegt, die Vorderpfoten unter dem Kopf verschränkt. Ich will kurz innehalten, doch Zuka läuft weiter, ohne sich umzudrehen. Am Ende der Straße liegt der Kiosk, über dessen Eingang ein Schild hängt, auf dem *Supermarkt* steht. Es ist der einzige Laden an diesem Ort, den wir nur *Shishis Zona* nennen, was übersetzt *Zone der Angst* bedeutet. *Shishi* ist ein Wort, das man schnell und leise mit hochgezogenen Schultern sagt, während man den Brustkorb mit Luft füllt, um vor der nächsten Silbe den Atem anzuhalten. Wäre nicht der Zaun, der die Zone von dem besetzten Gebiet trennt und der für die ausgesprochenen Reisewarnungen für Georgien verantwortlich ist, wäre die Zone zu einem Paradies für Lost-Places-Urlauber geworden.

Zuka geht in den Supermarkt, ich warte draußen. Als er wiederkommt, hat er Bier in Plastikflaschen und eine Tüte gesalzene Sonnenblumenkerne dabei. Die Sonne steht tief am Himmel, verschwindet langsam hinter den Bergen, deren Spitzen das Licht orange gefärbt hat. Zuka führt mich zu unserem Platz, nicht weit von seinem Haus entfernt. Wir setzen uns auf die trockene Wiese, ich schaue mich um, mein Blick gleitet nach oben, bleibt an den Anhöhen hängen. Von dort können sie das Dorf im Blick behalten. Mit ihren Ferngläsern spähen sie zu uns herunter. Ich presse die Knie zusammen, ziehe den Rock ein Stück tiefer. Zuka öffnet die Flasche und nimmt einen kräftigen Schluck. Schaum haftet auf seinen Lippen. Er reicht mir die Flasche rüber. Dann rückt er ein Stück näher an mich heran. „Vielleicht wird es mir gar nicht fehlen", sagt er.

„Was genau?", frage ich.

„Alles", sagt er, die geschwungenen Augenbrauen zusammengezogen, die ihn jetzt nicht mehr neugierig aussehen lassen. Schweiß läuft meinen Rücken hinunter. Seine Finger fahren meine Wirbelsäule entlang. Ich nehme einen Schluck aus der Flasche. Er wartet, bis ich fertig bin und nimmt sie mir dann wieder aus der Hand.

Zum Abschied kommt der Priester. Er setzt sich an den Esstisch und trinkt Tee in großen Schlucken. In seinem Bart hängen Krümel des Gebäcks, das Zukas Mutter gebacken hat. Teigtaschen mit Honig und Walnüssen. Zukas Hand liegt auf meinem verschwitzten Oberschenkel. Ich hätte die Shorts nicht angezogen, hätte ich gewusst, dass wir dem Priester begegnen. Er spricht von Fleiß, Heimkehr und Strafe, während ihm Krümel aus dem Mund fliegen. Seine Augen sind gerötet, seine Stimme klingt heiser. Wir halten die Köpfe gesenkt, wir wissen beide, dass er längst kein Priester mehr ist. Unter der Woche fährt er zum Markt in die Stadt, um dort Gemüse zu verkaufen, das er im Garten angebaut hat. Er trägt den Bart noch, das bodenlange Gewand. Die Soldaten haben im letzten Frühling den Eingang zur Kirche verplombt. Zukas Hand rutscht höher auf meinem Oberschenkel, das Tischtuch schützt uns vor den Blicken des Priesters. Es scheint ihn nicht zu kümmern, was der Priester von uns denkt, er weiß, dass er ihn nicht wiedersehen wird. Zukas Mutter ist sichtlich erfreut über den Besuch, sie legt dem Priester noch Gebäck auf den Teller und schenkt ihm Tee nach. Dieser rührt vier Löffel Zucker unter, setzt an, um zu schlürfen. Ich presse meine Oberschenkel zusammen, will die Hand abschütteln. Als die Tasse leer ist, will der Priester Zuka segnen. Zum Abschied streckt er uns den Handrücken hin. Abwechselnd beugen wir uns vor, um ihn zu küssen. Seine Haut riecht nach Tabak und Honig.

Wir hocken nebeneinander auf den Stufen der Veranda. Ich sehe, wie sich Zukas Mund verformt, er will etwas sagen, doch er zieht nur eine Schachtel Zigaretten aus der Hosentasche, zündet sie mit einem Streichholz an. Er nimmt einen kräftigen Zug, hält den Rauch einen Augenblick im Mund, bevor er ihn langsam ausatmet.

„Ich hoffe, du meldest dich wenigstens", sage ich.

Zuka lehnt sich zurück, stützt sich mit den Ellenbogen auf den Treppenstufen ab.

„Wenn ich über die Grenze bin", sagt er undeutlich. Ich bin nicht sicher, ob ich ihn richtig verstanden habe.

Bombora kommt angelaufen, er wedelt mit dem Schwanz, stellt sich auf die Hinterpfoten und bellt. Dann fängt er an, mein Knie zu lecken, ich lache, streichle ihm über den Kopf.

„Das reicht", ruft Zuka. Der Hund leckt weiter, jetzt macht er sich an meinem Schienbein zu schaffen. Zuka versetzt ihm einen Stoß, sodass er kurz aufheult und davonläuft.

Zukas Mutter zündet eine Kerze an, stellt sie in die kleine mit Sand gefüllte Kaffeetasse neben die Ikonen auf der Kommode. Darüber hängt an der Wand das rote Diplom, das ihr einmal Zukunft versprochen hat. Nach dem ersten Krieg wurde sie Lehrerin, nach dem zweiten kam der Zaun und der Weg zur Schule wurde gesperrt. Zuka streift unruhig durch das Wohnzimmer, das nur durch einen Vorhang von der Küche getrennt wird. Was jetzt aus der Mutter werden soll, hatte ich ihn gefragt und es sofort bereut.

Uns fällt nichts mehr ein, was wir tun können, um die Zeit totzuschlagen. Im Haus ist die Luft stickig, unsere Körper bewegen sich träge. Im Kühlschrank gibt es nur Leitungswasser und Schnaps, beides abgefüllt in Fantaflaschen. Zuka streift durch das Haus, öffnet Schränke und Schubladen, um sie dann wieder zu schließen. Ich gehe wieder nach draußen und setze mich auf die Veranda. Nach einer Weile kommt er dazu. Ich spüre sein Kinn auf meiner Schulter. Wir beobachten den alten Temo, aus dem Haus gegenüber, der wieder an seinem Schiguli schraubt. Die Motorhaube hat er geöffnet, die Ärmel hochgekrempelt. Auch bei sonnigem Wetter trägt er eine Schiebermütze, die ihm schief auf dem Kopf sitzt. Immer wieder unterbricht er seine Arbeit und zündet sich eine Zigarette an. Als wir jünger waren, hat er Zuka den Wagen ein paarmal fahren lassen. Ich saß auf dem Beifahrersitz und stützte mich am Armaturenbrett ab, während wir schnell die Hauptstraße entlangfuhren. Ich kann mir nicht vorstellen, dass der Wagen noch fährt. Temo habe ich auch schon lange nicht mehr damit fahren sehen. Seine Frau verlässt das Haus seit ein paar Jahren nicht mehr, nur im Sommer fällt es uns auf.

„Was starrst du so dahin?", fragt Zuka.

Ich erröte und wende den Blick ab.

Zu dritt haben wir am Esstisch Platz genommen. Im Haus riecht es nach Bratfett und Knoblauch. Der Fernseher läuft in voller Lautstärke, die Mutter dreht den Kopf immer wieder zum Bildschirm. Ich kaue langsam, das Brot bleibt mir im Hals stecken. Ich will etwas trinken, traue mich aber nicht, mir selbst etwas einzuschenken. Zuka isst, ohne aufzusehen, er legt sich noch Fleisch auf den Teller, tunkt das Brot in die Soße und schluckt beinahe ohne zu kauen. Die Ellenbogen hat er auf der Tischplatte abgestützt. Ohne mich zu fragen, legt seine Mutter mir noch zwei Scheiben Brot auf den Teller, ich will etwas einwenden, aber sie hat sich wieder in das Fernsehen vertieft. Plötzlich steht Zuka auf, rückt den Stuhl geräuschvoll nach hinten. Ich lehne mich zurück, warte, bis er mich ansieht, um mir anzudeuten, dass wir jetzt gehen. Er schenkt mir etwas Wasser ein, ich trinke es in einem Zug. Zuka geht in sein Zimmer, verschwindet aus meinem Blickfeld. Ich nehme unsere Teller in die Hand, trage sie in die Küche und weiß nicht wohin mit meinen Essensresten. Schließlich lasse ich die Teller einfach neben der Spüle stehen. Dann gehe ich zu Zuka, schiebe den Vorhang über dem Türrahmen leicht zur Sei-te, hoffe, dass er mein Kommen nicht bemerkt. Er kniet vor dem Koffer, hebt die Stapel von Kleidung vorsichtig an und streicht sie dann wieder glatt.

Noch einmal einen Blick auf alles werfen, hat er gesagt. Ein letztes Mal streifen wir zusammen durch das Dorf, bevor um vier Uhr der Wagen kommt, um ihn zur Bushaltestelle zu fahren. Es ist nur ein Kleinbus, der von hier fährt, eine Marschrutka. Ich sage ihm, dass Marschroute ein deutsches Wort ist. Er zieht die Augenbrauen zusammen.

Langsam laufen wir die unbefestigte Hauptstraße entlang. Von beiden Seiten trennen schiefe Zäune die

Gärten und Vorgärten vom Weg ab. Irgendwo bellt ein Hund in die Stille hinein. Zuka geht schneller als ich, ich beeile mich, um mit seinem Tempo mitzuhalten, komme so aber schnell außer Atem. Ich greife nach seiner Hand, sie fühlt sich schlaff an, er umschließt die meine nicht. Dann lasse ich wieder los. Ich will nicht zeigen, dass ich wütend bin. Wütend, dass auch er sich entschlossen hat zu gehen, obwohl er es anders versprochen hatte.

„Ich komme zu spät", sagt Zuka.

Ich merke, dass ich stehen geblieben bin und eile ihm hinterher.

Inzwischen sind Wolken aufgezogen, die mit den weißen Gipfeln verschmelzen. Als wir am Haus ankommen, haben sich die Nachbarn im Garten versammelt. Temo ist gekommen, sowie fast alle, die im Dorf noch übrig sind. Mit neugierigen Blicken mustern sie uns, verfolgen jeden unserer Schritte. Zukas Mutter hält eine Einkaufstüte in der Hand. Während wir fort waren, hat sie Brote geschmiert. Leise unterhält sie sich mit den Nachbarn. Ich erkenne die Fettflecken auf ihrem T-Shirt, unter dem Stoff zeichnen sich die Brustwarzen ab. Sie drückt mir einen trockenen Kuss auf die Wange, als müsste sie sich auch von mir verabschieden. Zukas Blick ist auf das Haus gerichtet.

„Ich geh den Koffer holen", sagt er.

In der Einfahrt wird gehupt. Der Wagen ist da. Zuka ist immer noch nicht zu sehen. Seine Mutter deutet mit dem Kinn aufs Haus. Ich soll ihn holen. Eines Tages, denke ich, wird dieses Haus, mitsamt dem Garten und Zuka, hinter dem Zaun verschwunden sein. Dann erstarre ich. Er steht im Türrahmen und schaut mich an. Ich halte seinem Blick nicht mehr stand und schaue rüber zu den Nachbarn.

„Was hast du?", fragt er leise.

Im Kopf suche ich Worte zurecht, schlucke sie hinunter, bevor ich sie aussprechen kann und ziehe schließlich die Mundwinkel nach oben.

Zuka wirft den Rucksack auf den Beifahrersitz, verstaut das restliche Gepäck im Kofferraum. Er hält die Tüte mit den Broten vor sich wie ein Schutzschild. Der Reihe nach treten die die Nachbarn an ihn heran, um sich zu verabschieden. Es wirkt fast, als würden sie ihm gratulieren. Für einen kurzen Moment stehen wir dicht voreinander. Wieder will ich etwas sagen, spüre aber die Enge in meinem Hals. Der Fahrer hupt noch einmal. Endlich steigt Zuka in den Wagen. Bis zu diesem Moment habe ich gehofft, dass doch noch etwas dazwischenkommt. Jetzt rollt der Wagen rückwärts aus der Einfahrt.

Zwischenstation

Marlene Fleißig

Foto: Susanne Stark

* 1992, lebt in Leipzig. Sie hat Konferenzdolmetschen studiert und übersetzt literarische Werke aus dem Spanischen und Englischen ins Deutsche. 2019 erschien ihr Debütroman *Bestimmt schön im Sommer* bei hanserblau. 2022 wurde sie mit dem Retzhof-Preis für junge Literatur ausgezeichnet. Dieses Jahr verbrachte sie vier Wochen im mare-Künstlerhaus zum Schreiben.

Und dann habe ich dir einen Patienten mitgebracht. Er konnte nicht auf der Intensivstation blieben, zu stabil. Zu hoher Pflegeaufwand für die Normalstation, nicht deren Zuständigkeit, genereller Bettenmangel. Was man als Assistenzarzt halt immer so zu hören bekommt.

Manchmal kann man durchboxen, dass der Patient, der „zu schlecht für die Normale" ist, noch bleiben darf. Manchmal schiebt man ihn einer anderen Station zu, erfindet zum Beispiel eine internistische Indikation und kriegt ihn dann einen Tag später wieder zurück. Manchmal geht ein Patient in die Reha, manchmal auf die Palli. Manchmal – aber selten – stirbt er, während man noch verhandelt, wohin man ihn abschieben kann. Manchmal nehmen ihn die Angehörigen mit nach Hause. Und dieses eine Mal eben ich.

Das Ganze hatte als eine Art Spiel begonnen. Als ich angefangen habe, die langen Stunden, die ich in der Klinik war und nicht bei dir, mit Sachen wieder gutzumachen, die ich in der Kasaktasche vergessen hatte. Guck mal, das ist der Kugelschreiber, mit dem ich heute drei Totenscheine unterschrieben habe, ist der nicht schön blau? Nur für dich. Oder: Tada, eine Kanüle, mit der sich wunderbar in die Venen eines Neugeborenen stechen lässt. Und nach besonders langen Stunden:

Hier ist irgendwie eine Ampulle irgendwas in meine Tasche geraten.

Du hast die Mitbringsel gesammelt wie Schätze, sie mit spitzen Fingern und großen Augen untersucht, auf dem Fensterbrett ausgestellt, die Sonne ließ die Braunglasfläschchen wie Bernstein schimmern. Wenn ich es einmal vergaß, dir eine Packung Mullbinden einzustecken, ein Tütchen Zucker aus der Cafeteria, einen Post-It mit Dosierungen, hast du geschmollt. Und wenn ich vor der nächsten Schicht, schon wieder viel zu spät vom Küssen, zur Haustür drängte, hast du dich an meinem Arm festgehalten und gebettelt:

„Bringst du mir was mit? Versprich es!"

Eine Weile hast du für ein Kunstprojekt Spritzen mit buntem Wasser gefüllt, ich brachte sie dir. Einmal hab ich dir eine Garnitur Kasak eingepackt, sie war dir viel zu lang und du trugst sie ein paar Tage exzessiv, ein grüner Stolpergeist. Eine Zeitlang, in der ich quasi im Krankenhaus wohnte, habe ich immer nur Masken mitgebracht, man brauchte sie damals.

Doch es half nichts, du bist trotzdem krank geworden. Elend klangst du an diesem Tag, als ich dich auf die Fieberstirn geküsst habe, los zur Nachtschicht, dein „Bringst du mir was mit" kläglich.

Und so habe ich dir Herrn B. mitgebracht. Er lag schon eine ganze Weile bei uns, 75 Jahre alt, 50 Pack years, keine Angehörigen. Zum Leben zu wenig und zum Sterben zu viel wusste keiner, was tun mit ihm. Nachdem er sich ein paar Tage Isolierstation eingefangen hatte, lag er eine Weile auf Normal, bis er wieder bei uns landete.

Wenn das die „normale" Station ist, frage ich mich immer, was macht das dann aus unserer Station.

Herr B. war noch da genug, um nicht überhören zu können, wie wir uns darum zankten, wohin wir ihn verlegen sollten.

„Irgendwo muss er ja hin, mit nach Hause nehmen kann ich ihn nicht", ließ der Oberarzt seinen üblichen dummen Spruch ab, und die Runde zerstreute sich unverrichteter Dinge. Und da hab ich Herrn B. einfach mitgenommen. Zart sah er aus, wie er da auf der Rückbank lag. Und später auf dem Sofa. Du bist von deinem Krankenlager aufgestanden und hast dir mein Mitbringsel angeschaut. Ich hatte ihn noch zurechtgemacht für dich, sein graues Haar gescheitelt, ihm die silberne Brille aufgesetzt, die gute Wolldecke ans Kinn gezogen. Freundlich stellte er sich vor und bat um ein Glas Wasser. Du hast es ihm gebracht und mich angelächelt, ein gutes Mitbringsel.

Er war keiner von denen, die ausflippten, weil sie sich nicht mehr auskannten und die Station auseinandernahmen. Keiner, der nicht verstand, dass es mit ihm jetzt zu Ende ging und immer noch jeden Tag fragte, wann er endlich wieder Fußball mit dem Enkel spielen würde. Keiner, der behauptete, selbst Arzt zu sein und sich dadurch eine bessere Behandlung erhoffte; keiner, der sich die in Schwerstarbeit gelegten Zugänge wieder rausriss und alles unter Körperflüssigkeiten setzte. Wenn die anderen Patienten nachts im Delir nach ihrer Mutter schrien, schwieg er und lehnte ein Schlafmittel nicht ab. Mochte er „zu schlecht" für die Normalstation sein, er war ein guter Patient.

In den nächsten Tagen die notwendigen Medikamente zu klauen, war kein Problem. Schaute schon lange keiner mehr hin, was sich die Kollegen so in die Taschen steckten. Wie sollte man das auch sonst ertragen, dachte man vielleicht.

Zuerst überlegte ich, ob ich nachts noch irgendwie ein Pflegebett über den Hinterausgang herausrollern könnte. Aber Herr B. lag auch famos auf unserem Gästefuton, wurde regelmäßig von dir in eine andere Position gebracht, damit er sich nicht wundlag. Sein Verschwinden fiel niemandem auf. Nur einmal wunderte sich jemand aus der Pflege, wo Herr B. denn abgeblieben sei. „Wahrscheinlich gestorben", sagte jemand anderes, und man beließ es dabei. In seine Akte trug ich ein, dass er sich auf eigenen Wunsch entlassen hatte.

Herrn B. zu pflegen, hat dich wieder gesund gemacht. Gemeinsam habt ihr an seine Medikamente gedacht. Manchmal hast du ihn sogar noch in den Korbstuhl ans Fenster gesetzt, sodass er die kalte Wintersonne aufgehen sah. Irgendwann meinte er, dass er das Fiepen der Dialyse vermisste, den Alarm, der losging, wenn sein Bettnachbar wieder einmal reanimiert werden musste. Auf Youtube hast du eine Playlist gefunden, *Hospital Ambience Background Noise*, und von da an konnte Herr B. wieder besser schlafen.

Am Anfang habt ihr euch noch viel unterhalten, als es noch ging. Irgendwann dämmerte er immer öfter weg, da hast du nur noch über sein schütteres Haar gestrichen. Nicht wie bei einem Kind, sondern respektvoll, als wüsstest du genau, was in diesem weisen alten Haupt vor sich ging. An seinem Ringfinger war noch ein Abdruck, aber in seiner Akte stand nichts von Angehörigen.

Im Frühling starb er, und wir machten eine kleines Begräbnis im Garten. Auf das Grab wolltest du Margeriten pflanzen, seine Lieblingsblumen, wie du wusstest. Ich überlegte, ob wir ihn nicht hätten verbrennen lassen sollen, dann hättest du eine Urne für deine Sammlung auf dem Fensterbrett. Auf einem anderen Fensterbrett, in einer anderen Stadt, wo ich einen anderen Job annehmen würde.

„Macht nichts", hast du gesagt.

Und auf das neue Fensterbrett hast du schließlich zwischen all deine Schätze, die Kanülen, Spritzen und Führungsstäbe, die Brille des Patienten gelegt, den ich dir mitgebracht habe.

Sprüche für Postkarten (zum Ausschneiden)

Laura Nunziante

Foto: Dario Summer

* 1986, hat sich seit ihrer Jugend durch halb Europa gesoffen und darüber in ihrem Debüt *Salute!* (2018) für Droemer Knaur berichtet. Danach sah sie sich für die österreichische Innenpolitik gerüstet und schrieb für den Standard über österreichische Bürgermeisterinnen (2023). Weitere Veröffentlichungen: JENNY, &Radieschen, ZEIT, Wired.

Was du liebst, lass frei. Dann kommt es zu dir zurück und gehört dir für immer.

Es sei denn, es ist bindungsgestört, hat drei Kinder mit einem anderen oder eine Ex, die sie nicht mehr aus dem Kopf bekommt: Was du liebst, lass frei und es wird zu dir zurückkehren. Ganz bestimmt. Vertrau mir: Ich bin eine Postkarte.

****

Wenn du etwas liebst, lass es frei, dann kommt es bestimmt zu dir zurück und ja, dann gehört es dir für immer. Ganz sicher wird sie zurückkommen, wenn sie dich liebt. Wenn sie nicht komplett gestört ist von denen, die sie betrogen haben, ihr damals erzählt haben sie fahren für ein Neue-Deutsche-Literatur-Seminar nach Brandenburg, um dort mit einer anderen in einer Hängematte einzuschlafen. Aber jaja, das passt schon, lass die Dinge mal laufen, sowas wird immer belohnt.

****

Lass sie alle frei, lass sie gehen. Lass sie alle wieder zurückkommen. Und dann können sie gleich wieder abzischen. So ist es richtig, so will es das Postkarten-gesetz.

****

Du musst ihm nur die Freiheit geben, dann weiß er, was er an dir hat. Es sei denn, er hat irgendwie ne schräge Schuldnummer mit seiner Mama laufen, dann kommt er vielleicht doch nicht so schnell zurück, son-dern sucht einfach nach der Nächsten und denkt, dass es dann besser wird, weil er den Kick braucht und auch kein Bock auf Zeitstress hat. Dann dauert das noch eine Weile mit dem Zurückkommen, weißt eh, wie das läuft, ein halbes Jahr später schickt er dir unverhofft ein „Na? Wie geht's dir eigentlich?" Du, dann lass ihn mal schön frei. Bringt eh nix.

****

Es sei denn, er ist bei Tinder und sucht was Besseres als dich und dann findet er es nicht und kommt doch wie-der zurück und meldet sich in der Woche darauf sofort wieder bei Tinder an, weil er niemals wissen wird, ob es nicht doch was Besseres als dich gibt – und nachts drückt ihm die Panik auf die Brust, dass das jetzt die Liebe und das Leben und das Ende sein soll, und dann ist der Moment gekommen, an dem du den Wichser gehen lassen musst, außerdem ist er doch nicht mehr so geil, wie du ihn in Erinnerung hattest: Wie kommst du aus der Scheiße jetzt wieder raus?

****

Aber wenn du es liebst, dann lässt du es frei, oder? Weil die wahre Liebe immer gewinnt. Du musst nichts tun, einfach abwarten. Ich schwöre, es ist so: Hahahaha!

****

Was du liebst, lass frei. Nur so kommt es zurück zu dir. Wenn es nicht zu spät ist und du schon lange weg bist, um einen anderen zu daten, den du gerade erst im Vodoo kennengelernt hast und er hört auch Bipolar Feminin und glaubt an die Große Liebe™ und das ist dann keine Kette von Zufällen mehr, sondern eine Entscheidung. Mensch, das ist doch auch mal was: Du hast dich entschieden für den mit dem gleichen Musikgeschmack. Toll.

****

Wenn du [Name] liebst, dann klammere dich daran. So doll du kannst.

****

Wenn du jemanden liebst, dann halte die Person so fest, dass es so richtig schmerzt.

****

Wenn du sie liebst, dann drücke sie so fest an dich, dass es hält.

****

Glaubst du mir nicht?

****

Glaubst mir nicht, oder? Aber ich bin ein Postkarten-spruch und ich weiß, wovon ich rede. Du musst auf mich hören. Was bleibt dir anderes über in dieser Welt, in der nichts wirklich zueinander passt und sowieso nichts so läuft, wie du willst. Ich zum Beispiel, glaubst du, ich habe immer davon geträumt, ein Postkarten-spruch zu werden? Na sicher nicht, aber: Habe ich dir die Geschichte jemals erzählt? Also es war so: Ich habe jahrelang versucht, etwas Geistreiches von mir zu ge-ben, jeden Tag vergeblich, habe immer wieder neue Sprüche an die Zentrale eingeschickt und irgendwann, so hatten sie mir versprochen, würden sie sich mel-den: Nur die werden etwas, die an sich glauben. Und so wartete ich jahrelang auf diese Antwort, die natürlich niemals kam. Dann, eines Tages, ich glaube, ich war den Abend vorher lange unterwegs gewesen, jedenfalls habe ich einfach mal laufen lassen, einfach mal nicht nachgedacht und es kam mir eine Scheiße aus dem Mund, das glaubst du gar nicht. Ich dachte mir noch: Das ist das Dümmste, was du je von dir gegeben hast. Du kannst dir sicher vorstellen, was dann passiert ist: Sie haben alles gedruckt.

****

Warte, jetzt bleib doch noch ein bisschen: Ich war ja noch gar nicht fertig, es geht ja noch weiter. Dass die

Menschen immer nurmehr diese kurzen Weisheiten erwarten, ich sage dir, das ist das Internet, das ist wirklich, das ist nicht zu glauben, die schicken sich dauernd diese hässlichen Bildchen und haben überhaupt kein Gespür mehr für Ästhetik ... hey, das ist nicht witzig!

****

Sag mal, willst du mich jetzt komplett verarschen? Geht's noch? Ich versuche dir gerade etwas von wahrhaftiger Bedeutung mitzugeben und du haust einfach ab.

****

Ich koste mittlerweile übrigens 3,50. Krass, oder?

****

Ich meine, früher waren das knapp 50 Schilling. Just saying.

****

Aber mal was anderes, ein Buch muss sein wie eine Axt, die sich in uns verloren hat.

****

Es begab sich aber zu einer Zeit, ach ne, falsches Genre. Nichts begab sich zu keiner Zeit, nichts, was du hier liest, ist wahr. Keiner dieser Sprüche wird dich auffangen und einen besseren Menschen aus dir machen. Keine Zeile gibt dir Zuversicht, denn du bist der Tod und das Ende, so wie auch schon viele andere vor dir der Tod und das Ende waren. Da kannst du den ganzen Laden hier aufkaufen, es wird nichts daran ändern, dass keiner der Sprüche dir jemals einen Ausweg bieten wird. Ich habe mal gelesen, dass die Liebe so unberechenbar wie das Meer ist.

****

Also gut, du willst es ja so. Dann hier bitte, für dich, ein allerletztes Mal:

Wenn du etwas liebst, dann lass es links liegen. Dann zeige diesem Etwas nicht ansatzweise, was du für dieses Etwas empfindest. Sei immer die stolze, schöne Person, die den ganzen Tag nicht an das Etwas denkt, weil sie mit wichtigen Arbeitsdingen beschäftigt ist. Lies einen Glamour-Ratgeber, der dir vorschreibt, wie du dich zu verhalten hast, damit dieses Etwas nicht darauf kommt, dass du auch nur eine Minute des Tages an ihn oder sie verschenkst. Als würdest du auf dein Handy schauen und auf eine Nachricht warten, pah! Also bitte, wir haben 2024, du hast doch wirklich bessere Dinge in deinem Handy durchzuscrollen, als eine Nachricht von diesem Etwas. Denk daran: Du bist eine selbstbewusste, intelligente Frau. Du hast das Etwas nicht nötig, soll das Etwas doch zusehen, wo es bleibt. Erst, wenn du das Etwas vollkommen vergessen hast und dich so in Rage geredet hast, dass du langsam wirklich keinen Bock mehr hast auf dieses Etwas und das Linksliegenlassen keine Performance mehr ist, sondern in dein ganzes Sein übergegangen, kommt dieses Etwas zu dir zurück. Dann ist es an der Zeit aus dem Busch zu springen und laut zu rufen: „Haha, siehst du, so fühlt sich das an, wenn man geghostet wird!" Dann tut dir das Etwas aber auch wieder leid, weil du fühlst das alles selbst zwar jetzt nicht mehr, kannst dich aber noch so ungefähr daran erinnern, wie es sich damals angefühlt hat. Autsch.

****

Das Leben ist wie ein Schwarm von Zugvögeln in der Abendsonne. Wenn du Pech hast, kackt es dir mit versammelter Mannschaft auf den Kopf.

****

Aber was weiß ich schon? Ich bin nur eine Postkarte. Nichts mehr. Ich lande auf dem Asphalt, wenn es windig ist, und dann treten sie auf mir herum, bis meine Rückseite voll mit Schuhabdrücken ist und wenn ich Glück habe, darf ich noch einmal das Licht der Welt sehen, weil sich jemand die Mühe macht, zu schauen, welcher Spruch auf der Vorderseite steht.

****

Eins noch, bevor unsere Wege sich trennen: Vergiss niemals, dass ich dich liebe. Dass ich alles versucht habe, dich bei mir zu halten. Dass ich dich wollte, so wie du bist. Und jetzt? Jetzt lasse ich dich frei. Und wenn du dann in den Himmel schaust, vergiss nicht, dass das Glück so nahe vor dir lag. Quasi direkt auf der Straße. Du hast nur nicht nach unten geschaut. Weil du auf irgendeiner doofen Karte mal gelesen hast, dass der gemeinsame Blick immer nach vorne gehen muss. Und jetzt verpiss dich, du Arschloch.

Wer fliegt,
der fällt

Mario Petuzzi

Foto: Denis Agic

* 1989 in Hall in Tirol, arbeitet als Bankangestellter, lebt mit der Familie in der Nähe von Innsbruck. Studium „Wirtschaft & Management" sowie „Vergleichende Literaturwissenschaften" in Innsbruck und São Paulo.
Seit 2018 Veröffentlichungen in Magazinen und Anthologien. 2021 Stipendiat beim Klagenfurter Literaturkurs sowie Gewinner des Literaturpreises des Landes Kärnten für Kurzgeschichten. 2022 Stipendiat der Autor*innen Werkstatt Prosa am LCB. 2024 Startstipendium für Literatur des BMKÖS.

Du musst dich entscheiden. Entweder du springst oder du springst nicht. So einfach ist das. Du musst nur über das BILLA-Logo steigen, zwischen dem verdreckten I und dem verdreckten L durch, deine Zehen an die Kante des Blechdachs setzen und los.

Die Hitze schlägt über dem Asphalt Schlieren.

Jetzt spring endlich, ruft Philipp zu dir herauf. Er sitzt in einem Einkaufswagen und Kri schiebt ihn über den Parkplatz. Immer wieder schupft Kri den Wagen an, stößt sich ab und springt auf.

Mach einfach, ruft Deniz.

Er hält die Handkamera wie ein Ei mit beiden Händen vor seinen Bauch und geht rückwärts. Die Linse reflektiert die Sonne und blendet dich. Du kneifst die Augen zusammen wie vom Weihrauch vorhin.

Von der Predigt hast du jedes Wort vergessen, in dem Moment, wo du es gehört hast. Jeden Sonntag gehst du in die Kirche zum Ministrieren. Schenkst dem Pfarrer seinen Wein ein. Die Hostie klebt am Gaumen. Das Weihrauchfässchen klimpert und aus den ins Messing gestanzten Löchern treibt der Rauch über die Kanzel.

Nach der Kirche warten sie mit den Mopeds auf dich. Stotternd stinkende Motoren. Heiser wie im Stimmbruch. Erst zum Billard, dann Pizza auf dem BILLA-Parkplatz. Eine Woche bis Schulende und du trinkst Dosenbier von der Tankstelle, das dir nicht schmeckt und eine Flasche Eristoff Ice. Für mehr reicht das Geld nicht. Das Stück Pizza stößt dir auf. Du kannst Spinaci nicht ausstehen. Den stumpfen Geschmack vom Spinat. Die mehlige Konsistenz vom Schafskäse. Aber Deniz hat sie bestellt und ihr habt geteilt und dann bist du auf das Dach geklettert.

Das traust du dich nie, hat Kri behauptet.

Die Steine unter deinen Sohlen klackern gegen das Blech. Von hier oben schaut das Skateboard viel zu klein aus. Jedes Fingerboard ist größer. Wie sollst du darauf landen?

Dabei ist es ganz einfach. Du sagst den Satz in die Kamera, springst auf das Brett und versuchst gerade so weit zu rollen, dass Deniz noch ein paar Sekunden mitfilmen kann, ehe es dich auf die Fresse haut.

Leg einfach los, wenn du soweit bist, ruft Deniz und schaut von unten herauf durch das Display.

Er nimmt alles auf. Jedes Zittern in deinen Gliedern, jedes Zögern und Zucken in deinem Gesicht. Dein Körper wie falsch gewachsen. Arme bis zum Boden. Knöchelhoch nur die Beine. Der erste Schritt ist der schwerste, denkst du. Vom Vorabend stehen vereinzelt noch Autos auf dem Parkplatz, deren Besitzer in einem Anfall von Vernunft nach Hause getorkelt sind. Du weißt: Etwas nicht zu tun, heißt auch, sich zu entscheiden.

Unter dem Text ein Totenkopf mit zwei überkreuzten Krücken.

Hi, I am Johnny Knoxville, welcome to Jackass.

Three. Two. One. Go!

Ein Mann mit einem Helm wird mit einem lauten Knall aus einem Rohr geschossen und landet in einem Fangnetz.

Hillbilly Musik. Die wehende US-amerikanische Flagge. Kleingeschrieben, in weißen Lettern: jackass.

Warum schaut man sich so einen Schwachsinn an? fragt die Mutter.

Wir sind noch für was auf die Straße gegangen, sagt sie und starrt auf den Fernseher. Haben uns Sorgen gemacht. Wollten die Welt verbessern.

Ein Mann – du glaubst es ist Bam Margera oder Chris Pontius – joggt in einem schwarzen Stringtanga auf der Schnellstraße neben Autos her.

Ich versteh euren Humor nicht, sagt sie.

In der nächsten Szene lässt sich Steve-O einen Einlauf mit einem Trichter geben. Alle stehen um ihn herum und lachen.

Dein Publikum steht da unten. Und wartet. Also los. Entscheid dich. Stell dir einfach vor, du springst. Der Sprung dauert nur eine Sekunde. Du sagst: Hi, I am John …

Natürlich verhaspelst du dich. Vielleicht ist das Zögern schuld, dein kurzes Innehalten. Weil erst ist da nichts und dann triffst du doch das Brett und es schiebt dir den rechten Fuß weg. Die Schwerkraft hält ihr Versprechen. Das, was da bricht, ist dein Fuß. Genauer: dein Sprunggelenk. Der Schmerz fährt vom Knöchel hinauf in den Kopf. Dein Arm schmiert über den Asphalt. Schwarzroter Abrieb von Teer und Haut. Das Brett schnippt es weg. Die Rollen drehen ins Leere.

Scheiße, brüllt Deniz, läuft zu dir rüber und hält die Kamera voll auf deinen Fuß. Du willst sie ihm aus der Hand schlagen.

Nicht, sagt er, stellt die Kamera auf den Boden. Komm, ich helf dir hoch.

Dein Körper zieht die Hitze aus dem Boden. Erst ist dir schlecht. Dann geht es wieder.

Du humpelst auf einem Bein. Es pocht. Du legst dich wieder hin.

Geht's? fragt Deniz. Geht's? fragen Philipp und Kri, die mit dem Einkaufswagen auf dich zu rollen.

Geht schon, sagst du und dir wird wieder schlecht.

Statt die Rettung zu rufen, hieven sie dich in den Einkaufswagen und fahren dich hin. Als ihr durch den Kreisverkehr rollt, hupt es aus zwei vorbeifahrenden

Autos. Einer bremst ab, zeigt euch den Vogel und beschleunigt dann wieder. Ein anderer lässt die Scheibe herunter und fragt, ob er euch helfen kann.

Er soll sich selber helfen, antwortet Kri und der Mann schüttelt den Kopf, lässt die Scheibe wieder hinauf und biegt ab.

Der Zivi, der draußen in der Einfahrt steht, schickt euch in einen Raum mit einer Liege und raucht draußen noch seine Zigarette fertig.

Mit dem können wir gleich in die Klinik fahren, ruft er in den Gang und der zweite kommt mit einem dampfenden Becher Kakao mit 2x Extrazucker, in den er mehrere Minuten hineinpustet, sich zweimal die Fingerkuppen verbrüht, aber von dem er keinen einzigen Schluck nimmt.

Einer darf im Rettungswagen mit. Deniz erbarmt sich.

Während der Fahrt sitzt der Zivi bei euch hinten, trinkt nacheinander zwei Dosen Red Bull und schaut sich das Video mit Deniz' Kamera an.

Scheiße, sagt der Zivi und Deniz nickt.

Krank, sagt er, richtig krank, und meint es als Kompliment.

In der Klinik fragst du, ob du das Röntgenbild behalten darfst.

Deine Mutter fragt, ob du noch alle Tassen im Schrank hast.

Dem Gipser klagt sie ihr Leid.

Wie soll das denn die nächsten Wochen weitergehen? Den Urlaub können wir absagen. Dabei hätte dein Vater den so dringend gebraucht. Weißt du, was der für einen Stress im Büro hat?!

Der Gipser ist ein grober Hund.

Langweilig ist euch, keift die Mutter, wisst nicht, was anfangen mit euch, und der Gipser drückt fest zu, weil er ihr gefallen will.

Mama, nicht – jetzt – bitte, stöhnst du.

Ein kräftiger Zug. Ein kurzer Schrei, gefolgt von deinem Winseln. Liegegips. Wechsel in zwei bis drei Wochen. Über Nacht noch in der Klinik bleiben. Am nächsten Tag auf Krücken zum Wagen.

Vielleicht merkst du es dir jetzt endlich, dass das kein Spiel ist. Wer tut sich denn freiwillig so was an?! Den ganzen Sommer lang diesen Klotz an seinem Bein. Wegen so einem Schwachsinn. Hoffentlich ist dir das eine Lehre. Und den anderen auch. Und dass du dich ja nie wieder zu so was überreden lässt.

Die ganze Fahrt geht das so.

Zuhause legst du dich auf die Couch und sie stellt dir ein Glas Himbeersaft neben das Bett, reißt eine Packung Soletti auf und legt dir einen Manga hin, mit einem Piraten, der aus Gummi ist, als habe sie mit einem Mal Humor für die Situation entwickelt.

Aber das hält nur so lange, bis der Vater am Abend heimkommt und anfängt zu lachen, als er dich sieht.

Ganz toll, sagt die Mutter. Fall du mir auch noch in den Rücken.

Was kann ich denn jetzt dafür? antwortet er.

Du glaubst wohl auch noch, dass das witzig ist oder cool sein soll?!

Der Vater winkt ab.

Bis zum Heiraten ist alles wieder verheilt, sagt er.

Keep up the good work, schreibt Philipp mit rotem Edding auf deinen Gips. Kri malt einen Penis mit Schamhaaren. Jedes Schamhaar kringelt sich exakt zweimal. Darüber schreibt er das Wort *Lutscher*.

Sie liegen neben dir auf der Couch. Es läuft gleichzeitig Werbung auf MTV und MTV2.

Was würdet ihr lieber: eine Ziege ficken und keiner weiß, dass ihr es getan habt oder keine Ziege ficken, aber jeder glaubt, dass ihr es getan habt? fragt Kri.

Du fragst Deniz, ob er das Tattoo von Steve-O gesehen hat.

Der hat sich sein eigenes Gesicht über den ganzen Rücken tätowieren lassen, sagst du. Seine breit grinsende Visage und darüber steht: Yeah dude, i rock. Würd ich mich nie trauen.

Den ganzen Sommer geht das so. Du liegst auf der Couch. Manchmal liegen deine Freunde daneben. Meistens liegen sie im Schwimmbad. Der Gips bekommt einen Gelbstich. Das Weiß an den Rändern wird bröckelig. Dein rechter Unterschenkel ist so dünn, du kriegst zwei Finger zwischen Bein und Gips.

Ein Sommer dauert. Das willst du dir nicht antun. Also zurück. Alles auf Anfang. Zurückspulen, als hätte Deniz jede Sequenz, jede einzelne Sekunde mitgefilmt. Im Krankenhaus schlüpfst du aus dem Gips wie aus einem Stiefel, bretterst erst im Rettungswagen, dann im Einkaufswagen im Rückwärtsgang über die Straßen. Deine Freunde hieven dich auf den Asphalt, du wälzt dich wie ein angeschossenes Tier unruhig über den Boden, ehe es dich nach oben zieht, als habe dich jemand am Genick gepackt und behutsam auf dem Dach abgestellt.

Und jetzt? Du hast gesagt, du springst. Aber du springst nicht. Dabei hast du gesagt, du machst das. Eine Minute ist lang. Lang. Verdammt lang. Unangenehm lang. Irgendwann ist es keine Minute mehr, sondern eine Stunde. Irgendwann sind es zwei und keiner schreit mehr zu dir hinauf. Und du schaust nicht mehr runter, stattdessen starr geradeaus, als wartest du nur darauf, dass bald die Sonne untergeht. Kri und Philipp schieben den Wagen zurück in die Reihe, stecken den Euro in die Hosentasche. Deniz packt seine Kamera ein. Vor einer Minute noch wäre es vielleicht – nein, vor einer Minute wäre es auch schon nicht mehr gegangen. Und nach einer weiteren Stunde ist es auch schon wieder egal. Zu dritt schauen sie zu dir hinauf und verstehen die Welt nicht mehr.

Wie lange willst du noch da oben stehen? brüllt Kri.

Komm runter jetzt, sagt Philipp.

Du könntest runterklettern. Stattdessen setzt du dich

hin, nimmst einen Stein, drehst ihn in der Hand, legst ihn wieder hin.

Der spürt sich nicht mehr, hörst du Philipp noch sagen.

Irgendwann sind sie alle drei weg. Haben noch einmal kurz die Hand gehoben. Aber du hast nicht hingesehen. Du nimmst einen Stein, klopfst damit gegen das Blech. Du schlägst kleine Dellen hinein, bis aus den Dellen Buchstaben werden. Du hämmerst deinen Anfangsbuchstaben hinein, dann deinen Namen, dann einen Satz:

Wer fliegt,
der fällt
in keiner Welt
je auf

steht da in schräger Schrift. Was soll das sein? Ein Haiku? Zu viele Zeilen, zu wenige Silben. Eine Entschuldigung? Eine Predigt? Du weißt es selbst nicht.

Wer fliegt,
dem kommt
die Welt niemals
zu nah.

Du musst ein wenig nach hinten rücken, damit dein Schatten nicht im Weg ist und du noch lesen kannst, was du da geschrieben hast. Du könntest jetzt sitzen bis zum Morgengrauen. Aber das willst du ja nicht.

Wird auch kalt über Nacht. Trotz des Sommers oder gerade deswegen. Der Parkschranken geht auf. Die ersten Wagen kommen, bevor es hell wird. Extrawurstsemmel. Ein Liter Cola. Decken sich ein für den Tag. Zeit nach Hause zu gehen. Hau vorher lieber noch mit den Steinen Dellen zwischen die anderen Dellen, bis deine Gedichte aussehen wie ein Hagelschaden.

Das Klopfen des Steins imitiert die Drums des scheppernden Punksongs, mit dem Deniz das Intro seines Videos hinterlegt. Er hat die Kamera an den Videorekorder angeschlossen und sich neben dich gesetzt. Den Helm hat er nicht abgenommen, sondern bloß über die Stirn gestülpt, als müsse er gleich wieder los. Statt jackass steht da dumbass in schwarz vor einem rot-weiß-roten Hintergrund. Dann stehst du auf dem Dach und schaust dir selbst dabei zu, wie du einen Schritt nach vorne machst, dich am ausgebleichten I des Leuchtschilds festhältst und zögerst. Die Kamera zoomt näher ran. Du grinst, obwohl du dich nicht erinnern kannst, gegrinst zu haben. Du sagst: Hi, I am Johnny Knoxville, welcome to Jackass, läufst an und springst.

Deniz drückt auf Pause. Du stehst in der Luft. Bild für Bild spult er deinen Fall ab. In jedem Bild schiebt es dich ein bisschen weiter nach unten, als würde er die Zettel eines Daumenkinos einzeln vor dir aufblättern.
    Warte, sagt er. Jetzt. Jetzt passiert's.
    Ein Hauch von Luft zwischen dir und dem Boden.

Weitermachen

Madeleine Prahs

Foto: Heike Bogenberger

* 1980 in Karl-Marx-Stadt. Sie ist dort und am Ammersee aufgewachsen. Sie studierte Kunstgeschichte und Germanistik in München und St. Petersburg. 2014 erschien ihr Debütroman *Nachbarn* (dtv premium), 2017 der Roman *Die Letzten* (dtv premium). Für ihre literarische Arbeit erhielt sie zahlreiche Auszeichnungen und Stipendien. Sie lebt in Leipzig.

Routine war alles. Sie hielt die Dinge am Laufen, gab den Rhythmus vor, half, mit der Zeit klarzukommen. Paul stieg aus dem Auto, schulterte seine Tasche und wartete, dass sich im Straßenverkehr vor ihm eine Lücke auftat. Bei Anfängern konnte er es manchmal sehen, die gerade frisch aus der Berufsschule kamen, wie sie sich verzettelten, ihre Energien verschleuderten – und dann, am Ende des Tages, völlig fertig in den falschen Bus stiegen. Er ließ den Fahrradfahrer passieren, danach überquerte er die Straße. Ihn hatte sie aufgefangen, immer wieder. Nach der Trennung von Marianne, seinem Auszug, der Scheidung. Alles brach auseinander, aber die Arbeit war einfach da, musste gemacht werden.

Er betrat das Haus, die Tür stand weit auf, ein Umzugsunternehmen hatte ein Schild aufgestellt, er lief an den Briefkästen vorbei. Erst kürzlich hatte er gelesen, dass ein Drittel aller Pflegekräfte einen Berufswechsel erwägt. Auch weil die Belastungen größer wurden. Aber in welchem Beruf wurden die Belastungen nicht größer?

Er stieg die Treppen nach oben, zwei Stufen auf einmal, wie immer.

Seit Jahren hörte er von Klaus nur zwei Wörter: Personelle Engpässe. Drei offene Stellen hatten sie in den letzten Jahren ausgeschrieben. Alle waren unbesetzt geblieben.

Paul blieb stehen. Auf dem oberen Treppenabsatz standen zwei Möbelpacker, dazwischen ein Sofa. Er lächelte kurz, sie grüßten freundlich, Paul zeigte mit dem Kopf zur Wand, sie nickten, und dann presste er sich mit dem Rücken in die Ecke. Beinahe wäre ihm der Schlüssel aus der Hand gefallen, „Zimmermann" stand auf dem kleinen Plastikschild, das daran befestigt war.

Klar war sein Beruf alles andere als attraktiv, aber das war schon immer so gewesen. Die Möbelpacker hatten das Sofa hochgewuchtet und kamen ihm jetzt Stufe für Stufe entgegen. Er sah ihnen zu, sein Fingernagel begann über das Plastikschild des Schlüssels zu kratzen. Er hätte die Geschichte gerne vergessen, aber es gelang ihm nicht. Er konnte sich auch jetzt, nach Jahren, noch an jedes Detail dieses Abends erinnern. Er hatte gerade seine Prüfungen bestanden, war mit ein paar Kumpels etwas trinken gewesen. Der Abend war lang, sie wollten schon aufbrechen, aber dann hatten sie die drei jungen Frauen kennengelernt.

Die Möbelpacker blieben stehen, sie mussten das Sofa höher heben, über das Treppengeländer, anders würden sie nicht um die Kurve kommen. Paul stand eingeklemmt in der Ecke, blickte auf die in Folie gewickelte Sofalehne und dachte daran, wie viel Hoffnung Paare oft in gemeinsame Sofas investierten. Er atmete tief ein und drückte seinen Rücken noch stärker an die Wand.

Sie war Kosmetikerin gewesen, sie hatte ihm gefallen, sie hatten ein wenig geflirtet, und er hatte sogar das Ass gezogen, den besten und blödesten Anmachspruch aller Zeiten. Er hatte die Fingerspitze seines Zeigefingers angeleckt, damit ihre Schulter angetippt, den Stoff ihres Shirts, und gesagt: „Jetzt aber husch, husch raus aus den nassen Klamotten." Sie hatte laut gelacht, hatte sich dabei weit nach hinten gebeugt, ihre langen Haare waren ihr von der Schulter gefallen, schön sah das aus, und während er sie beobachtete, hatte er gedacht, dass er sie gerne wiedersehen wollte. Schließlich, irgendwann, hatte sie ihn gefragt, was er beruflich mache: „Altenpfleger", hatte er gesagt und gelächelt und überlegt, ob er vielleicht sagen solle, dass er eine gute Partie sei, dass er zu den wenigen gehöre, die in der Lage seien, eine formvollendete Mund-zu-Mund-Beatmung durchzuführen, am liebsten am lebenden Patienten, oder dass es sich für sie lohnen würde, gemeinsam mit ihm alt zu werden, weil sie das Morphium jederzeit und kostenlos von ihm bekommen könne, aber dann hatte er ihren Gesichtsausdruck gesehen. Sie war ein Stück von ihm abgerückt, „Altenpfleger", hatte sie gesagt, „ach so." Dann hatte sie kurz überlegt. „Weißt du, wie wir die in der Ausbildung immer genannt haben? Die Altenpfleger?" Sie lächelte. Er konnte ihr Parfüm riechen. Sie roch gut. „Wasch-Maschinen."

Und dann hatten sie alle gelacht, seine Kumpels, die Mädchen, und am lautesten er selbst.

Wasch-Maschinen.

Das Kratzen des Fingernagels stoppte, die Möbelpacker waren samt Sofa vorbeigezogen, er nahm die letzten Stufen. Vor der Wohnung blieb er stehen.

Trotz des Wohnungsschlüssels in der Hand klingelte er, obwohl es länger dauerte, von der Zeit abging, aber so hatten die Patienten wenigstens noch kurz die Illusion von Privatsphäre, und er hatte kurz die Illusion, ein Gast zu sein, nicht der Pfleger, der Körperausscheidungen wegwischte, die Wasch-Maschine.

Die Zimmermanns warteten schon auf ihn. Paul blickte auf die Uhr. 13:30 Uhr. Er lag perfekt in der Zeit. Herr Zimmermann hatte wie immer den Tisch gedeckt, Kaffee und Kuchen, lud ihn ein, und wie immer schüttelte Paul den Kopf: „Nächstes Mal." Es würde nie dazu kommen, das wusste Herr Zimmermann, aber vielleicht hoffte er, dass der immer gleiche Film, das immer gleiche Gespräch eines Tages unterbrochen würde. Und vielleicht klappte es tatsächlich irgendwann mit einem anderen Pfleger, einer anderen Pflegerin – nur eben nicht mit ihm. Dafür war sie zu knapp bemessen, die Zeit für seine Routine. Paul lächelte den alten Mann kurz an, dann warf er einen fragenden Blick in Richtung von Frau Zimmermann, die mit dem Rücken zu ihnen im Flur stand. Herr Zimmermann nickte und zeigte mit dem Daumen nach oben. Ein guter Tag also.

Vor einem halben Jahr hatte man Frau Zimmermann einen Heimplatz angeboten, aber ihr Mann hatte sich dagegen entschieden. Er wollte sich lieber selbst um seine Frau kümmern. Paul hatte lange mit ihm gesprochen, ihn gefragt, ob er sich das gut überlegt habe, denn die Demenz schreite fort. Es werde immer beschwerlicher, aber für Herrn Zimmerman stand die Entscheidung fest. Kein Heim.

„Machen wir einen Ausflug?" Frau Zimmermann lächelte Paul schelmisch an.

Paul nickte. „Ja, hier entlang."

Sie hakte sich bei ihm unter, gemeinsam gingen sie Richtung Bad. Er half ihr beim Ausziehen des Bademantels, dann nahm sie auf dem Hocker Platz, der in der Dusche stand. Paul nahm den Duschkopf in die Hand und prüfte die Wärme des Wassers. Kurz legte Frau Zimmermann ihre Hand auf seinen Unterarm, und obwohl er den Job schon so lange machte, war er immer wieder überrascht, wie weich Haut im Alter werden konnte.

„Komm ich hier auf die Aussichtsplattform?"

Paul nahm ihre Hand von seinem Unterarm, dann griff er zur Shampoo-Flasche und nickte. „Ja, gleich sehen wir den Vierwaldstätter See."

Mit kleinen, kreisenden Bewegungen begann er das Shampoo in die Kopfhaut einzumassieren.

„Kommt die Jenny, ihre Kollegin, auch mit?"

Kurz hielt Paul mit dem Shampoonieren inne und blickte auf die aufgeschäumten, grauen Haare in seinen Händen. Das gab es oft bei Dementen. Die hellen Momente. Als hätte es kurzzeitig aufgeklart. Es kam trotzdem überraschend.

„Nein, Frau Zimmermann, die Jenny, die ..."

Paul brach ab, dann schäumten seine Hände weiter.

Ja, was? Was sollte er ihr sagen?

Vor einer Woche hatten sie Jenny verabschiedet. Mit Kaffee und Kuchen. Blumen und Sekt. Glückwünschen für die Zukunft. „Du schaffst das!", „Alles Gute!", „Wer hätte das gedacht?"

Sie taten alle überrascht. Aber in Wirklichkeit hatte

jeder von ihnen damit gerechnet. Es war abzusehen. Und wahrscheinlich war die Umschulung zur Immobilienkauffrau eine Ausrede, die sich Jenny zurechtgelegt hatte. Es machte alles erträglicher, und im Grunde waren sie Jenny dankbar. Für die Lüge. Und dass es ihr passiert war. Nicht ihnen selbst.

„Die Jenny, die ist für die mobile Pflege geboren", hatte Klaus immer gesagt, und jede Pflegeschülerin, jeder Pflegeschüler bekam diesen Satz mindestens einmal zu hören. Er kannte Jenny schon lange und eigentlich hatte Klaus recht gehabt: Jenny war tatsächlich für die Pflege geboren. Sie hatte ihrer Großmutter schon mit sieben Jahren den Rücken eingeschmiert, und für manche Patienten ging die Welt unter, wenn Jenny wegen Stau oder Schnee ein paar Minuten zu spät kam. Einmal hatte ein Reporter von der Lokalzeitung einen Bericht über ihren Pflegedienst verfasst, und der Artikel begann mit einem Porträt von ihr und dem Satz, dass es wohl nur wenige Menschen gebe, die ihren Beruf mit einem solchen Enthusiasmus ausüben würden wie die 48-jährige, gelernte Altenpflegerin Jenny Haage. Paul wusste noch, dass sie sich damals alle für sie gefreut hatten, aber Jenny war es peinlich gewesen, und es dauerte nicht lange, dann verschwand der Artikel wieder vom Pinboard im Büro.

Paul nahm den Brausekopf und begann, das Shampoo aus Frau Zimmermanns Haar zu waschen. In dem Artikel hatte der Journalist Jenny zitiert. Dass sie alle immer eine Checkliste mit Aufgaben durchgingen, von den Gehübungen bis zum Wechsel des Inkontinenz-

schutzes. „Jeder Schritt muss dokumentiert, jede Auf-
fälligkeit vermerkt werden." Da dürfe kein Fehler passieren, hatte sie dem Journalisten erklärt, denn die Ge-
fahren lauerten versteckt.

Dramatisch könne es enden, wenn sie etwa übersehe,
dass ein Patient schon seit Tagen keinen Stuhlgang gehabt hat.

Es war kein akuter Darmverschluss, der dafür gesorgt
hatte, dass jener Dienstag vor drei Wochen so endete,
wie er geendet hatte.

„Als der Arzt kam, war es zu spät." In der eilig einbe-
rufenen Besprechung am Tag danach hatte Jenny nicht
viel gesagt, seltsam ruhig war sie gewesen, ungewohnt
kalt und souverän.

Im Grunde war es nichts Außergewöhnliches, im
Gegenteil, sie hatten sich im Laufe der Jahre alle daran
gewöhnt. Und sogar den Azubis war relativ schnell be-
wusst, wie nah sie sich jeden Tag am Abgrund entlang-
hangelten, am eigenen und dem ihrer Patienten. Der Tod,
das Sterben gehörte zu diesem Job dazu. Und auch Klaus
wurde an jenem Nachmittag nicht müde zu erklären,
dass Jenny keinen Fehler gemacht hatte, dass der Notarzt
ganz klar gesagt hatte, dass Frau Dommitzsch schon in
der Nacht zuvor gestorben sei. Schlaganfall. Und dass
das ja mit 91 Jahren durchaus vorkommen könne. Er
wiederholte es wieder und wieder und tatsächlich, mit
der Zeit beruhigten sich alle, nur Jenny schien das alles
nicht mehr zu hören.

Paul nahm ein Handtuch, legte es um Frau Zimmermanns Kopf und begann, vorsichtig zu rubbeln. Manchmal, jetzt, in letzter Zeit, merkte auch er, wie die Kraft nachließ. 15 Patienten musste er im Schnitt bei einer Tagestour versorgen, in letzter Zeit waren es mehr. Seit der Geschichte mit Jenny war er der Dienstälteste in dem Laden, und immerhin hatte er es geschafft, dass Klaus ihm keine Nachtschichten und keine Wochenend-Dienste mehr aufbrummte.

Er legte das Handtuch weg, nahm einen Waschlappen und gab einen Klecks Duschgel darauf. Frau Zimmermann drehte sich zu ihm. Ob er sich nicht erinnere? Herrlich sei es gewesen, als das Seeufer noch nicht so stark verbaut war. „Wir sind ins Wasser gesprungen und die Sorgen waren weg." Sie atmete zufrieden aus. „Ja", sagte Paul, nickte, stellte sich vor Frau Zimmermann und ging in die Hocke. Er hoffte, dass es dieses Mal einfacher werden würde mit der Intimwäsche, dass der Protest ausbleiben würde. „Das war schön", sagte er noch einmal, dann führte er den Waschlappen an Frau Zimmermanns Scheide.

Es gab sie wirklich. Die Idioten. Die glaubten, jeder und alle hätten Zeit. Unendlich viel Zeit. Paul steckte mit links den Autoschlüssel in die Hosentasche, während er gleichzeitig seine Tasche schulterte, auf den Klingelknopf drückte und die Haustür aufschloss. Die Entdeckung der Langsamkeit. Sie hatte sich direkt vor ihm ereignet. In einem Nissan. An einem Montagnachmittag. Im Berufsverkehr. Eine halbe Stunde hatte ihn dieses automobile Desaster vor ihm gekostet. Und die fehlte ihm jetzt. Der Zeitplan war in ein empfindliches Ungleichgewicht geraten.

Hastig lief Paul an dem Schild vorbei, das über dem Aufzug hing. „Defekt" stand darauf, es hing schon seit letzter Woche dort. Aber Herr Lehmann wohnte im zweiten Stock, das machte die Sache einfacher. Er hatte den ersten Treppenabsatz schon hinter sich gebracht, da blieb er abrupt stehen. Ein dumpfer Schmerz am seitlichen Rücken, er griff sich mit der Hand an die Stelle, auf Höhe der Niere. Es war nicht das erste Mal. Paul beugte sich ein wenig nach vorn und versuchte, ruhig zu atmen. Er sollte wieder zum Schwimmtraining gehen, wie früher, als er noch in der Ausbildung war. Aber manches fiel eben raus aus der Routine, er atmete noch einmal tief ein, der Schmerz ließ nach, nicht alles hatte darin Platz, manches kam zu kurz. So war das Leben.

Er zog sich am Geländer nach oben. Die Geschichte mit Klaus fiel ihm wieder ein. Bevor man Klaus zum Leiter des Pflegedienstes befördert hatte, hatte er seine Schichten geschoben – wie sie alle. Einmal, Klaus lief gerade die Stufen zur Eingangstür hinauf, an Paul und den anderen in der Raucherecke vorbei, hatte eine Besucherin des Heims, eine junge Frau, ihn angesprochen. Es war noch nicht lange her, da hatte Klaus einen Hexenschuss auskuriert, aber eigentlich fiel das nicht weiter auf. Er lief zwar etwas langsamer, aber er humpelte nicht. Die Frau hatte Klaus gefragt, ob er Hilfe brauche, und in der Raucherecke konnte sich der ein oder andere das Lachen nicht verkneifen. Klaus brauchte einen Moment, bis er begriffen hatte, dann herrschte er die Frau an: „Seh ich aus, als ob ich Hilfe brauche?"

Kurz wurde es still, schließlich lächelte die junge Frau Klaus an, herzlich und teilnahmsvoll, als sei Klaus' unwirsches Verhalten völlig normal, und dann sagte sie ihm, dass sie eine Krankenschwester rufen könne, wenn er wolle, oder ihn auf sein Zimmer begleiten könne.

Sie mussten damals alle sehr lachen – bis auf Klaus.

Paul streckte den Rücken durch. Möglicherweise, vielleicht, sehr wahrscheinlich alterte er ebenfalls rasant, und man könnte ihn bald, wie Klaus, für einen Heimbewohner halten statt für einen Pfleger. Aber noch war es nur ein Seitenstechen ab und zu. Nichts, was tragisch wäre.

„Sie kommen heute aber spät", Herr Lehmann sah ihn lächelnd an. Paul nickte und atmete tief ein. Es ging jetzt besser, der Schmerz an der Seite, die Beklemmung in der Brust hatten sich gelöst.

„Der Berufsverkehr. Sie ahnen nicht, was für Kröten da rumkriechen." Paul stellte seine Tasche auf dem schönen, eleganten Holztisch ab, der in der Mitte des Wohnzimmers stand. Er wirkte wie ein Fremdkörper, obwohl er mit Sicherheit einmal passend zu den anderen Möbeln ausgesucht worden war. Und auch sie wirkten wie Fremdkörper.

Paul nahm die Patientenakte, die auf dem Tisch lag. Eine seltsame Verschiebung war das, und immer, wie auch hier, lag es an großen, schweren Betten, den eigenen oder Kranken- und Pflegebetten, die plötzlich in der Mitte des Wohnzimmers oder in der Nähe eines Fensters standen und alles dominierten. Manche hatten praktische, aber wuchtige Griffe und Hebel, oder einen schwenkbaren Plastiktisch. Über anderen schwebte ein Beutel Kochsalzlösung, und nicht einmal Blumen konnten die alte Würde des Wohnzimmers wiederherstellen.

Er begann, im Pflegeplan zu lesen, aber eigentlich war es nicht notwendig. Er kannte jeden Handgriff. In fünf Minuten würde er sich über Herrn Lehmann beugen, Arme und Beine in eine geeignete Position bringen und ihn schließlich aus dem Bett hieven. Im Rollstuhl ginge es dann ins Bad, danach stünden Bettenmachen und Rasieren an.

„Wie steht es mit den Bauarbeiten an der neuen Konzerthalle?"

Paul zuckte mit den Schultern, während er eine Seite auf dem Klemmbrett umblätterte, ohne auch nur ein Wort zu lesen. „Sind noch kein Stück weitergekommen."

Herr Lehmann schüttelte lachend den Kopf. „Hat sich nichts geändert, was? Im Bauamt kriechen auch nur Kröten rum. War schon früher so."

Es war wie mit dem Klingeln bei den Zimmermanns. Ein Stück alte Welt.

Manchmal ärgerte sich Paul über die Imagefilme der Pflegedienste oder Seniorenheime. Meistens lief eine gutaussehende Krankenschwester mit vollem Haar und schöner Haut auf eine Seniorin mit vollem Haar und schöner Haut zu, streichelte ihr über den Rücken, schob eine Kaffeetasse zurecht. Jeder Handgriff saß, es gab keine Unsicherheit. Dabei war das die größte Lüge. Denn eins war unausweichlich ab einem gewissen Alter: dass der Körper unzuverlässig wurde, nicht mehr das tat, was er sollte. Wie ein ungeliebtes Haustier.

Früher hatte Lehmann als Architekt gearbeitet, und noch im Juni hatte er mit einem Sektglas im Kreise seiner Freunde gestanden. Es war der 80. Geburtstag eines langen, reichen Lebens. Seit dem Mauerfall und dem Tod seiner Frau war der Witwer viel gereist. Ein paar Fotos von den Reisen standen auf der Kommode. Kuba, Mexiko, USA. Dann kam der Blasenkrebs. Herr Lehmann ließ sich operieren und bestrahlen. Erfolgreich, aber er wurde schwächer. Als ihm eines Tages beim Verlassen der Apotheke schwarz vor Augen wurde, versuchte er, sich an einem Zaun festzuhalten. Er griff in den Stacheldraht, kam abermals ins Krankenhaus. Seit dem Schlaganfall war er bettlägerig. Paul legte das Klemmbrett auf den Tisch. Davon erzählte keine Werbung. Er ging zum Bett, schlug die Decke nach hinten, lächelte Herrn Lehmann freundlich zu und inspizierte die von Gicht entzündeten Zehen.

„Isses schlimmer geworden?"

Paul schüttelte den Kopf. „Ach was, das wird schon."

Paul deckte den Fuß wieder zu. Es war schlimmer geworden. Viel schlimmer.

Er stellte sich an das Bett und beugte sich über Herrn Lehmann, um Arme und Beine in eine geeignete Position zu bringen, damit er ihn aus dem Bett hieven konnte. „Sie sind doch ein Kämpfer."

Dass sie eine gewisse Distanz wahren müssten, hatten sie ihnen in der Pflegeschule erzählt. Und den Azubis, die manchmal, für einen oder zwei Tage, auf Probe mit ihm mitgegangen waren, hatte er immer wieder eingebleut: „Sie machen Ihren Job, um den Menschen zu dienen, aber es bleiben Klienten."

Paul hatte den Oberkörper des alten Mannes mit beiden Armen umschlossen, zog ihn näher zu sich, näher an die Bettkante heran. Plötzlich hörte er das Wimmern. Es war nur kurz, und er musste an Moritz denken, wie er einmal beim Spielen vom Baum gefallen war. Marianne und er waren erschrocken, es sah furchtbar aus, Moritz hatte sich die Haut am Knie aufgerissen und die Schulter ausgerenkt, aber er schrie nicht, er weinte nicht, nur dieses kurze Wimmern, als müsste das reichen, als könnte er sich nicht mehr leisten. Paul hielt sofort inne in der Bewegung, aber er ließ den Alten nicht los, die Knochen nicht, den Körper nicht, den Menschen nicht, sie waren für einen Moment ineinander getackert, eingefroren in einer Umarmung, er spürte Herrn Lehmanns Atem an seinem Ohr, sie schwiegen.

Nach einer Weile schließlich hatte sich der Puls des Alten beruhigt, der Schmerz musste nachgelassen haben. Er räusperte sich, „Geht schon", Paul zog ihn behutsam an die Bettkante, brachte Arme und Beine in die richtige Position, „Man muss weitermachen, nicht wahr?", sagte der Alte erschöpft, „Immer weitermachen", und Paul nickte, während er hastig den Rollstuhl ans Bett schob und dem Blick des Alten auswich.

Er hatte das Bett von Herrn Lehmann frisch überzogen, die Schmutzwäsche eingepackt, und gerade als er den Rollstuhl zur Seite schieben wollte, um das weit offen stehende Fenster zu schließen, sah er die Politesse. Also hatte er das Fenster geschlossen, alles hastig zusammengepackt, die Wohnungstür hinter sich zugezogen und war schließlich auf die Straße gerannt. Sie hatte nicht mit sich reden lassen, er hatte auf das Logo gezeigt, den Schriftzug an seinem Auto, „Vitalis – Mobiler Pflegedienst", hatte gehofft, sie würde auch die kleiner geschriebene Zeile darunter lesen, „Kompetent. Qualifiziert. Liebevoll. Unser Pflegeversprechen", aber sie hatte ihm einfach den Strafzettel in die Hand gedrückt und tonlos gesagt: „Die Regeln gelten für alle."

Als er im Auto saß, die Tasche auf dem Beifahrersitz, begann es zu regnen. Der Regen prasselte auf das Autodach, er legte die Hände aufs Lenkrad, legte den Kopf darauf, atmete tief durch, kurz nur, man durfte nicht nachlassen, dann richtete er sich auf, steckte den Schlüssel ins Zündschloss, beugte sich nach vorne, sein Blick streifte das Fenster von Herrn Lehmanns Wohnung, und dann schoss das Adrenalin ungebremst in seine Blutbahnen. „Scheiße." Er stieg hastig aus dem Auto, schlug die Fahrertür hinter sich zu, vergaß abzuschließen, rannte die Treppen zur Wohnung hinauf, der Schmerz im Rücken kam wieder, Paul ignorierte ihn, er schloss die Wohnungstür auf, hastete durch den Flur und öffnete die Tür des Badezimmers. Herr Lehmann saß dort, wo ihn Paul vor einer halben Stunde hingesetzt hatte, in der Badewanne, und blickte ihn ängstlich an. Paul versuchte zu lachen, offen, herzlich, mitreißend: „Mensch, da haben wir heut aber lange gebadet, was? Sie sind ja 'ne richtige Wasserratte!" Er nahm ein Handtuch, legte es dem alten Mann um die Schultern, dann packte er ihn unter den Armen und zog ihn hoch, Herr Lehmann setzte sich auf den Wannenrand, hielt sich an ihm fest, während Paul versuchte, die Beine des Alten vorsichtig über den Wannenrand zu heben. „Ich dachte schon, Sie hätten mich vergessen", sagte Herr Lehmann leise, aber Paul schüttelte energisch den Kopf. Aufmunternd. Es sollte Herrn Lehmann gelten, aber es galt auch ein bisschen ihm selbst. „Aber nicht doch, wo denken Sie denn hin?"

An diesem Tag war er abgefallen, hatte den Anschluss verpasst. Er musste Kathrin anrufen, seine Kollegin, sie bitten, Frau Ehrlich zu übernehmen. Und dann trocknete er Herrn Lehmann ab, ohne Hast, föhnte ihm vorsichtig die Haare und zog ihm einen frischen Schlafanzug an. Die Entdeckung der Langsamkeit. Im Büro würde es deswegen Ärger geben.

Als er schließlich wieder im Auto saß und die letzten Häkchen auf dem Pflegeprotokoll setzte, dämmerte es bereits. Er startete den Motor und stieg aufs Gas, die Straßen waren frei, an der roten Ampel hielt er an. Es war nur ein Moment, und Gott sei Dank fuhr er nicht, sondern stand. Sekundenschlaf. Das Hupen hatte ihn geweckt, er schreckte hoch, die Ampel vor ihm war grün. Er fuhr los. Es war nichts passiert, aber für einen Augenblick hatte es sich angefühlt, als sei er ein Anfänger von der Berufsschule. Und soeben in den falschen Bus gestiegen.

Durch das Glas

Astrid Radner

Foto: Ingo Pertramer

* 1990 in Oberösterreich. Mit 18 zum Studieren nach Wien gekommen und hängen geblieben. Studierte Germanistik und Publizistik, später Journalismus. Wollte eigentlich in einem Verlag arbeiten, fand aber während eines Nebenjobs beim Radio heraus, dass redaktionelles Arbeiten doch lustiger ist. Arbeitet seither in der Kommunikationsbranche und schreibt journalistische Texte. Literatur nur heimlich, bis jetzt.

1

Weil die Godi den Glaskasten nicht mit ins Grab nehmen konnte, ließ sie ihn im Wohnzimmer. Direkt neben der Glastür, die ins enge Vorhaus führte und deren
Klinke abgegriffen war, abgeschliffen von abertausend
fettigen Türöffnungen und Türschließungen, stand er
zwischen den abgewohnten Wänden, die ein ganzes
Leben gesehen hatten und auf ewig alles Heimliche
kennen.

„Du, wenn ich mal nicht mehr bin", habe die Godi schon
Monate zuvor im Gasthaus gesagt. Und die Mama habe
aufgelacht, was sie denn da rede, sie werde doch hun-
dert.

„Du, aber der Glaskasten, der bleibt schon in der Familie, stimmt's?", habe die Godi gefragt, als ihr die Mama
neue Nachthemden ins Altersheim brachte. Und die
Mama genervt und verzweifelt zugleich, was sie denn
mit dem Glaskasten habe.

Und als die Godi nur mehr flach atmete und ihr Herz
nur mehr ein paar Schläge übrig hatte, war es keine
Frage mehr, „der Glaskasten", sagte die Godi, und die
Mama nickte. Der Vertrag war geschlossen und die

Godi konnte dort hingehen, wo man hingeht, wenn das Herz keine Aufträge mehr hat.

Die Godi, das war die Patentante der Mama, aber alle, sogar ihre Schwester, die auch meine Oma ist, nannten sie einfach Godi. Die Godi hat nie Kinder gehabt, obwohl sie gern Kinder gehabt hätte, sagt die Mama. Geheiratet hat sie auch nie, obwohl sie bestimmt heiraten hätte können, sagt die Oma, weil die Godi als eine Junge mit ihrer aufgeweckten Art und den roten Locken, das war schon was. Aber die Godi, sagt die Mama, wollte nur einen und den hat sie nicht bekommen und dann ist man selber schuld. Und dann ist die Godi eben übriggeblieben. Sagen tut das niemand, aber denken schon.

2

„Du schon wieder", ruft der Papa heiter aus dem Lautsprecher. Der Öffner knackst und ich falle gegen das Haustor lehnend ins Stiegenhaus. Es riecht nach alter Luft, alten Menschen und feuchten Hunden. Mir wird schlecht. Morgenübelkeit, denke ich, während ich die zehn Stufen hinaufgehe, die damals für die Godi waren wie die letzten zehn Kilometer eines Marathons. „Lass dir Zeit", habe ich damals gesagt, als die Godi keuchend von Stufe zu Stufe stieg, die Beine angestrengt hebend, als wirkte die Schwerkraft stärker auf sie. Den Stock auf der linken Seite und den festen Griff am Geländer auf der rechten. Jedes Mal habe ich ihr meine Hand ausgestreckt. Nie hat die Godi meine Hand genommen. Und jedes Mal war ich davon überzeugt, dass die Godi auf dieser Stiege stirbt. Nie ist sie dort gestorben.

Die Tür zu Godis Wohnung, die jetzt die Wohnung der Mama ist, steht offen und ich höre den Papa schon mit dem Maßband werken. Ich kenne das Zurren des Maßbandes, das Auf- und Zurollen des Metalls seit meiner Kindheit. Der Papa hatte immer einen Sinn dafür, alles so auszumessen, damit es in seine Welt passt. Ich sehe mich um. Das winzige Vorhaus, früher angeräumt mit Trachtenhüten, Walking-Stecken, Ton-Eulen, Zeitungstürmen und Patenbriefen, ist gefühlt größer geworden. „Na, Wienerin", begrüßt mich der Papa in seiner kurzen Arbeitshose, die auf meinen Kinderfotos noch weiß war. Er drückt mich, löst die Umarmung, um mich dann doch noch einmal ein wenig fester zu drücken. Ich lehne mich an seine Schulter. Am liebsten würde ich ihm jetzt alles sagen. Und ich merke, wie mich die Nase kitzelt. Aber die Tränen schaffen es nicht bis in meine Augen.

„Kannst du dir nicht vorstellen", sagt der Papa, „Alles hab' ich rausgerissen." Der Blick angestrengt in leidenden Wellen zwischen den Brauen, als hätte er gerade einen Kampf mit einem wilden Tier durchlebt. Dabei weiß ich, dass ihn nichts mehr befreit, als alte Dinge wegzuhauen. Er gibt mir die Tour seines Pensions-Projekts. Links vom Vorhaus gehen wir ins Bad. Aus Godis moosgrüner Emaille-Badewanne wurde eine Regendusche mit ebenerdiger Duschwanne. Rechts vom Vorhaus bringt uns der frisch verlegte Parkett-Boden ins Wohnzimmer. Die ergrauten Tapeten sind perl-sterilem Weiß gewichen. Mit meinen Gedankenaugen sehe ich die Godi hier auf ihrer Kord-Couch sitzen und mir entgegenlächeln. Mit meinen echten Augen sehe ich leere Ecken und nackte Wände. Über den kratzerlosen Boden tanzen Staubpartikel im Tageslicht, als hätten sie keine Probleme. Gelassen fallen sie auch auf den Glaskasten neben uns, der als Einziger hier überlebt hat und alle überleben wird. Er herrscht über den Zwanzig-Quadratmeter-Raum, mit seinem vom Uropa gezimmerten Holzbogen, der das hauchdünne Glas gekonnt zusammenhält. Wenn man durch das ein Jahrhundert alte Glas schaut, fühlt man sich selber wie aus einer anderen Zeit. Auf den leeren Glasebenen im Kasten hat sich Staub gesammelt. Darunter die unterschiedlich großen Abdrücke der Gläser, die hier einmal verwahrt waren. Offensichtlich hat sich niemand getraut, den Kasten all die Jahre seit Godis Tod abzuwischen. Und auch die schmalen Steher aus Holz scheinen unter der Last, die auf sie drückt, jeden Moment zusammenzubrechen.

Warum ihr denn der Glaskasten so wichtig sei, habe die Mama gefragt und die Godi habe gemeint, da schaue der Vater durch. Also Mamas Opa, mein Uropa. Und die Mama schluckte. Der Uropa war früh gestorben.

„Wir können ihn nächste Woche zu dir nach Wien bringen. Bald machen wir die ersten Besichtigungen", sagt der Papa und schaut dabei nicht zu mir, sondern aus dem Fenster zu den Bergen. Ich zögere, bis er mich schließlich direkt ansieht. „Willst du wirklich diese alte Kiste?", fragt er. Ich denke, sicher nicht, und antworte: „Ja sicher, hab ich ja mit der Mama ausgemacht."

Es fühlt sich so falsch an, wie all die Male, in denen ich aus Höflichkeit ja gesagt hatte: als mich die Mutter einer Schulfreundin fragte, ob mir der Topfenstrudel schmecke, als der Dicke aus der Parallelklasse, fragte, ob ich mit ihm gehen wolle, als meine Mitbewohnerin fragte, ob ihr Freund bei uns wohnen könne. Als meine große Liebe fragte, ob das ok sei. Als ich spürte, dass er das Kondom abgezogen hatte. Als ich bis in die Knochen zusammenzuckte. Als er wiederholte „Ist das ok?" Als er über mir gebeugt war und in mir drin. Da nickte ich.

3

Am Abend liege ich am Teppich meines alten Kinderzimmers und scrolle durch Instagram. Ich sehe Bilder von Frauen mit Beach-Waves, die ihren Baby-Bauch strahlend zwischen den weiß lackierten Fingernägeln halten. Ich sehe Bilder von blau oder rosa platzenden Konfetti-Kanonen, deren glitzernde Schnipsel auf die glatt gebräunten Gesichter von werdenden Elternpaaren rieseln. It's a boy oder doch ein girl. Der Algorithmus kennt meine Gedanken, noch bevor ich dazu komme, sie zu denken. Das Glück liegt wohl im Kinderkriegen, denke ich.

Ich sperre das Handy und lasse es auf meinen Bauch sinken. Meine pochende Bauchschlagader bringt es dort im Millisekunden-Takt in kleinen Hüpfern zum Vibrieren. Hinter meinen Augen suche ich ein Bild von mir und einem Kind am Arm, einem Mädchen vielleicht, aber ich sehe nur den seitlich zerrissenen Papier-Lampenschirm an der Decke, den der Papa vor fünfundzwanzig Jahren montiert hat. Ich versuche es noch einmal und schließe die Augen. Es ist schwarz mit weißen, funkelnden Pünktchen. Ein Ameisenhaufen, nur in hell. Ich presse die Lider aufeinander. Ich lasse die Schlagader schlagen. Ich lasse die Ameisenpünktchen durch meine Lider hinaus und die Bilder hinein. Die Pünktchen verformen sich langsam zu den Umrissen einer Frau mit kurzen Locken auf einer Stiege. Ich sehe, wie sie sich fest am Handlauf hält. Das Bild ist unscharf, aber ich erkenne sie deutlich, die Alterspigmente und die verkrampften Adern. Wie verwelkte Blumen und reißende Flüsse auf ihrer Hand. So reißend wie der Fluss, in den auch der Uropa ging, als die Godi und die Oma noch Kinder waren. Als er ins Wasser ging und nicht mehr zurückkam. So allein wie damals der Uropa im Wasser steht auch die Frau auf der Stiege. Ich spüre, wie sie versucht, ihr Bein zu heben. Wie sie es versucht, aber nicht auf die nächste Stufe schafft.

Wie das Wasser von unten immer höher steigt. Wie sie sich nicht bewegen kann. Und dann dreht sie sich doch ruckartig um. Sie schaut mich geschreckt an. Und ich denke, das ist die Godi. Und ich sehe, das bin ja ich.

Der schrille WhatsApp-Ton reißt mich aus dem Schlaf. Mein Herz bringt nun auch meine Brust zum Beben. Ich hebe das Handy vor mein Gesicht. „Schatz" steht darauf und ich denke mir, vielleicht trenne ich mich doch nicht.

4

Den Weg zur Oma am nächsten Morgen gehe ich mit vollem Kopf und trägen Beinen. Bis in die Nacht habe ich Doktor Google immer wieder gefragt, ob ich schwanger bin. Ich gehe, ohne wirklich anwesend zu sein. Alle Tritte laufen automatisch, so oft bin ich den Weg gegangen. Hinunter vom Hügel durch den Wald ins Dorf, vorbei am Gasthaus mit den starrenden Blicken, vorbei an der Kirche mit ihren Erinnerungen an die Hochzeitskleider und die Trauermärsche, den schmalen Kirchenweg entlang, wo mir ein fremder Mann entgegenkommt und zuruft, dass ich meiner Mutter immer ähnlicher werde. Ich muss lachen.

Im Haus empfängt mich Isabella, eine von Omas zwei Vierundzwanzig-Stunden-Pflegerinnen, die sich alle zwei Wochen abwechseln. Das Zuhause-Pflegen kann sich die Oma leisten, weil der Opa Richter am Landesgericht war. Den Herrn Magister nannte man ihn im Dorf. Und weil der Opa der Herr Magister war, hat auch die Oma einen Magister-Titel. „Frau Magister sitzt in Zimmer", sagt Isabella mit östlich rollenden Rs. Seit ich denken kann, sitzt die Oma auf dem immer gleichen Fernsehstuhl. In meiner Kindheit lag sie auch oft im Schlafzimmer, mitten am Tag. Migräne sagte man früher und heute sagt man Depression.

Die Oma schaut von ihrer Zeitschrift auf, als ich ins Wohnzimmer komme. „Hallo, Puppi", sagt sie mit einem Glitzern in den Augen und ich freue mich auch sie zu sehen. Die Oma trägt eine rote Seidenbluse und einen Lippenstift im selben Rot. Ihre schiefe Haltung wird durch die gepolsterte Armlehne begradigt. Den Rollator und den Leibstuhl nehme ich kaum wahr. Sie wirken fast wie zwei unbedeutende Untertanen neben dem mächtigen Fernsehthron. Mit meinen Gedankenaugen sehe ich auch den Opa am Fenster stehen und mir schelmisch zuzwinkern. Mit meinen echten Augen sehe ich nur die gehäkelten Stoff-Gardinen vor dem Glas. Ich umarme die Oma. Fester als die Godi früher. Es muss schön sein, Enkelkinder zu haben, denke ich. Ich nehme mir einen Sessel vom Esstisch und setze mich zu ihr. „Wie geht's dir, Oma?", frage ich und sie sagt bloß danke, als hätte ich ihr gerade ein Glas Wasser gereicht. Sie sieht mich an, als müsse ich etwas aus ihren Augen lesen, aber ich erkenne nichts. Auch die Godi, die ja auch die Schwester von der Oma war, saß hier oft. Obwohl sie nicht so gut miteinander konnten. Das war nicht so einfach zwischen denen, sagt die Mama. „Und, Frau Magister?", fragte die Godi dann verschmitzt und trotz des ironischen Untertons sagte die Oma immer trocken danke. Die Oma starrte die Godi dann mit den gleichen Augen an, wie mich jetzt, nur nickte die Godi dann ganz selbstverständlich. Weil man immer weiß, was die Augen einer Schwester meinen. Gerade, wenn man sich im Leben nicht versteht.

Ich hingegen kann die Stille nicht ertragen und erzähle der Oma stattdessen jetzt von Godis renovierter Wohnung. Von der Regendusche, den weißen Wänden, dem Glaskasten, der da immer noch stehe. Dass er bald bei uns ihn Wien sein werde. Dass es ihre letzte Chance sei. Sie habe ja genug Platz, sage ich und die Oma schaut mich an, aber doch in eine leere Welt. Es gibt noch einen Schimmer Hoffnung in mir, dass die Oma doch den Kasten haben will. Aber als ich sie zuletzt fragte, winkte sie ab, sie habe eh schon die Migräne vom Vater geerbt. Es war fast so, als hätte diejenige, die den Glaskasten hatte, den Uropa bei sich. Die Godi wollte ihn bei sich haben. Und die Oma hatte Migräne.

Obwohl ich die Antwort kenne, setze ich trotzdem noch einmal zur Frage an, ob die Oma nicht doch den Glaskasten wolle. Doch die Oma kommt mir zuvor.

„Und habt ihr schon einen Termin?", sagt sie nun ganz wach. Ich schrecke kurz auf, weil sie vielleicht in meine

Gedanken schauen kann. „Welchen Termin?", frage ich vorsichtig. „Na, einen Hochzeitstermin", sagt die Oma mit eindringlichem Blick. Ich suche in meinem Gehirn nach einer guten Antwort und sage nur „Ich weiß nicht, Oma" und die Oma mit einer Mischung aus Mitleid und Hoffnungslosigkeit: „Nicht, dass du zum Schluss allein bleibst. Wie die Godi."

Bei diesem Satz durchfährt ein Frösteln meine Wirbelsäule vom Nacken bis irgendwo tief in den Rücken. Das Frösteln bricht die Knochen auf und friert die Gedanken und die Höflichkeit darin ein. Ich springe auf. Ich küsse die Oma auf die Wange und sage, ich müsse einkaufen gehen. Ich eile aus der Tür hinaus und Isabella sagt etwas, das ich nicht verstehe. Ich gehe den Kirchenweg entlang, an der Kirche vorbei. Ich gehe ins Geschäft. Ich gehe durch die Regale, durch die Windeln und Deos und Shampoos. Ich nehme den Test und bezahle mit Karte. Ich gehe ins Gasthaus, direkt gegenüber, hindurch durch die starrenden Blicke. Ich frage nicht, ob ich aufs Klo kann. Ich gehe einfach hin. Ich sperre die Tür ab und hole den Teststreifen heraus. Ich schäle mich mit einer Hand aus der Hose und dann aus der Unterhose. Ich hocke mich über die Klomuschel und halte den Test darunter. Ich mache auf den Teststreifen und ein bisschen auf die Klobrille und meine Finger. Ich sehe der Nässe zu, wie sie sich langsam in dem Ergebnisfenster hinaufarbeitet. Und ich suche nach roten Streifen und ich sehe den ersten. Und ich warte. Ich warte. Und dann warte ich nicht mehr.

Die Tropfen der Regendusche fallen auf mein Gesicht und auf meine Schultern. Sie fallen auf meine Brüste und sie fallen auf meinen Bauch. Sie hüllen mich ein in eine warme Decke, ohne etwas von mir zu wollen. Als ich aus der Dusche steige, beginnt ein frischer Schmerzschwall in meinem Unterbauch zu quellen. Ein feiner Stich, der in Sekunden aufblüht und wieder in sich zusammenbricht. Ich erinnere mich an das Krankenhaus. „Ein paar Tage könnten Sie noch Krämpfe haben", meinte die Ärztin. Ich halte meinen nackten Bauch zwischen meinen nackten Fingernägeln. Die Tränen schaffen es nun bis in meine Augen und laufen in stillen Säulen die Wangen herab. Ich ziehe mir den Bademantel an und gehe durch das Vorhaus ins Wohnzimmer, wo der Glaskasten steht wie all die Jahrzehnte zuvor.

Durch das Fenster leuchten mir die Berge in der roten Abendsonne entgegen. Wer hätte gedacht, dass es eine Welt nach der großen Liebe gibt, denke ich. Ich nehme das Ultraschallbild aus meiner Tasche und schaue es noch einmal an. Das helle Pünktchen auf schwarzem Hintergrund. Ich gebe das Pünktchen in ein Kuvert und klebe es mit Tixo unter den Kasten. Mit meinen Gedankenaugen sieht mich der Uropa vorwurfsvoll an und ich schaue zurück.

„Vielleicht wollte die Godi gar keine Kinder", sage ich zu ihm. Der Uropa vor mir runzelt die Stirn. Dabei ist da

·nur das Glas und mein Spiegelbild darin, das der Holzbogen zusammenhält. Gekonnt. Zwischen den Wänden, die auf ewig alles Heimliche kennen.

Mit ohne Socken

David Samhaber

Foto: Sandra Spiegl

* 1993 in Linz, aufgewachsen am Land, studiert in Salzburg, später in Wien. Eigentlich Kindergartenpädagoge, mittlerweile Redakteur, Absolvent der Leondinger Literaturakademie und schon einmal (2023) auf der Longlist von Wortlaut, dem FM4 Kurzgeschichtenwettberb.

Dass meine Oma gerade jetzt stirbt, kommt mir nicht gelegen.

Die Sarmale sind fertig, schreit die Oma durchs Haus. Sie spricht nicht Rumänisch, sie hat auch nie Rumänisch gesprochen. Sie hat mit sechzehn Jahren einen Ukrainer geheiratet, meinen Opa. Es ist kompliziert. Die Franzi, der Benni und ich schleichen aus der Sauna. Wir dürfen nicht in der Sauna spielen, weil das zu gefährlich sei, meint die Oma. Wir tun so, als hätten wir im Kohlenkeller gespielt. Das dürfen wir. Die Franzi greift in den Kohlehaufen und uns dann mit ihren schwarzen Händen ins Gesicht, an die Hände und aufs Gewand. Bei mir nicht, sage ich. Tu nicht so blöd, sagt die Franzi. Sie ist die Älteste von uns.

Die Sarmale schmecken nur nach Reis. Die Oma würzt, was notwendig ist und manchmal nicht einmal das. Es soll nämlich nach dem schmecken, was es ist, sagt sie immer. Ohne Sauce schmeckt's nur nach Reis, sagt die Oma zu mir und greift schon zum Schöpfer. Nein, danke, sage ich. Die Oma schaut mich für ein paar Sekunden an und lächelt. Sie ist einer dieser Menschen, die die Mundwinkel nach unten ziehen, wenn sie lächeln. Jedes Mal. Wir schweigen, während wir essen und bewegen uns nur, wenn die Oma die Sauce schlürft. Sie schlürft lauter, als wir uns bewegen könnten. Das ist unser Freifahrtsschein. Mir schmeckt Reis nicht, aber Sarmale sind mein Lieblingsessen.

Ich schlafe nicht gerne bei der Oma. Ich muss mir mit den beiden anderen das Bett teilen. Die Franzi und der Benni mit ihren Köpfen zur Wand. Ich zwischen ihnen, den Kopf da, wo ihre Füße sind und ihre Füße dort, wo mein Kopf ist. Die Oma zieht mir in der Nacht immer die Socken aus. Jeden Tag schlafe ich mit Socken ein, jeden Morgen wache ich ohne Socken auf. Du hast so geschwitzt in der Nacht, sagt die Oma dann. Ich mag nicht mit ohne Socken schlafen, antworte ich jedes Mal. Heute bleibe ich wach, das nehme ich mir vor und verstecke die Füße unter der Bettdecke. Mir ist so kalt, werde ich sagen, wenn die Oma nach uns schaut. Vielleicht werde ich auch ein bisschen zittern. Ich habe geübt. Die Franzi fragt mich, warum ich nicht schlafe, warum ich so daliege, so mit den Händen auf der Decke am Bauch. Betest du, flüstert die Franzi. Ja, sage ich. Guter Gott, denke ich, lass meine Socken in Ruhe.

Ich wache auf und schaue zuerst auf meine nackten Füße. Ich bin vom Hals bis zu den Knöcheln zugedeckt. Nur die Füße schauen raus. Die nackten Füße, die zehn Zehen, die Nägel, die ich hasse, geschnitten zu bekommen, der kleine Zeh, der fast gar keinen Nagel hat. Die Oma hat mir letztes Jahr zum Geburtstag eine Fußkette geschenkt. Ein Glücksbringer, hat sie gesagt. Die Kette ist golden und hat einen kleinen Anhänger, der aussieht wie ein Auge ohne Wimpern. Am Tag nach meinem Geburtstag habe ich sie in der Schule getragen. Schwuchtel hat mich ein Mitschüler in der Umkleidekabine vor dem Turnunterricht genannt. Ich kenne seinen Namen nicht. Die Kette habe ich seitdem nicht mehr getragen. Ich hasse Fußball.

Wir spielen im Garten. Die Franzi kommandiert ihren Bruder. Warum sie auch beim Spielen das Sagen hat, weiß ich nicht. Ich sitze alleine in der Sandkiste und baue einen Tunnel. Ich konstruiere einen Stau. Ich stelle ein Auto hinter das andere. Sie stehen an der Grenze, warten auf die Passkontrolle, denke ich mir. Ich baue fünf Spuren. Überall stehen Autos, immerhin ist Samstag. Reiseverkehr. Du immer mit deinen Autos, sagt die Oma, wie sie aufs Kräuterbeet zusteuert und an mir vorbeigeht. Sie zupft Petersilie. Wahrscheinlich gibt es Pierogi.

Nach dem Essen holt mich die Mama ab. Tante Martina, schreien die Franzi und der Benni gleichzeitig. Ich mag es nicht, wenn sie sie so nennen. Hallo Mama, sagt die Mama. Hallo Mama, sage ich.

In Czernowitz leben nur mehr Alte, erzählt der Opa. Er sagt das Wort Czernowitz, als würde er ein Märchen vorlesen und von einem geheimen Ort sprechen, den es in Wirklichkeit gar nicht gibt. Manchmal sagt er Cernăuți. Es ist kompliziert. Wir sitzen wieder am Esstisch, diesmal müssen wir nicht leise sitzen, nur die Oma tut es. Es gibt Grenadiermarsch. Zur Nachspeise gibt es Punschkrapfen. Die Oma und ich haben extra welche geholt. Die Punschkrapfen gibt es, weil die der Opa liebt wie sonst nichts. Den Grenadiermarsch gibt es, weil den anderen Gfraß, sagt der Opa, den hat er jetzt genug gehabt dort oben. Nur mehr Alte dort, sagt er, kein Wunder, dass man da depressiv wird. Ich verstehe nicht, wie die Ukraine oben sein kann, wenn sie doch eigentlich drüben ist, wenn man auf den Globus schaut. Wie es dort ausschaut, frage ich. Alt, sagt der Opa. Wie es seiner Schwester geht, fragt die Franzi. Der Opa spießt vier Nudelhörnchen auf seine Gabel, auf jeden Zinken ein Hörnchen. Schaut's mal, was ich kann, sagt er. Der Benni lacht und macht es ihm nach.

Die Oma deckt jeden Tag nach dem Abendessen und nachdem sie das Geschirr abgespült hat, die Pfannen verstaut und die Töpfe zum Abtropfen auf die Ablage gestellt hat, den Tisch für das Frühstück am nächsten Tag. Sie legt Platzdeckchen auf, stellt Teller drauf, legt ein Messer quer darüber, stellt eine Tasse daneben, legt zwei Zuckerwürfel hinein. Bevor sie schlafen geht, gibt sie die Butter aus dem Kühlschrank. Es gibt nichts, das der Opa weniger mag, als harte Butter.

Einmal habe ich die Mama gefragt, warum der Opa nichts von der Ukraine erzählt. Sie hat mir keine Antwort gegeben, hat nur mit den Schultern gezuckt. Einmal habe ich das Tagebuch meiner Mama gefunden. Es hat mir Antworten geliefert. Sie hat mich erwischt. Es war das einzige Mal, dass sie mich geschlagen hat. Es tat ihr leid, glaube ich.

Die Oma ist mit vierzehn schwanger geworden. Zwei Jahre davor hat sie den Opa auf der Liegewiese am See kennengelernt. Meine Mama kam auf die Welt, da ist die Oma gerade fünfzehn geworden. Sie hatte keine Jugend, sie musste gleich erwachsen sein. Irgendwann hat sie angefangen, ihre Jugend nachzuholen, aber es ist ihr nie wirklich gelungen. Ihre Eltern haben sie rausgeschmissen, als sie schwanger wurde. Die Mutter meines Opas hat sie aufgenommen und ihr gelehrt, wie man richtiges Essen kocht. Schweinsbraten gab es bei der Oma nie. Der Opa war sechzehn, als meine Mama auf die Welt kam.

Ich bin sechzehn, als der Opa stirbt. Ich war nie mit ihm woanders. Alle Geschichten beginnen und enden am Esstisch. Am Tag nach seinem Tod setze ich mich in die kalte Sauna. Da drinnen wird nicht gespielt, sagt die Oma. Sie steht vor der Glastüre und schaut herein. Ich kann nicht erkennen, ob sie grinst, in welche Richtung die Mundwinkel zeigen. Komm, setz' dich auch her, sage ich. Sie nimmt neben mir Platz. Ganz langsam, als würde sie noch während dem Setzen überlegen, was zu tun wäre. Wem hast du es schon erzählt, frage ich. Keinem, sagt die Oma, das hätte er so gewollt. Ich nehme ihre Hand. Sie steht wieder auf und geht aus der Sauna. Später trinken wir Kaffee im Garten, die Franzi ist auch da, sie weint. Der Benni liegt im Gras.

Ich bin achtzehn, gerade geworden, und das erste Mal in Czernowitz. Meine Mama hat mich gefragt, was ich mir zum Geburtstag wünsche. Ein Interrail-Ticket, habe ich gesagt und bekommen. Ich habe nicht recherchiert, dass ich damit nicht in die Ukraine komme, dass das dort nicht gültig ist, dass es dort kein Interrail gibt. Ich fahre durch Linz, Sankt Pölten, Wien und ein bisschen Rest von Österreich, durch die ganze Slowakei. Ich muss mit dem Bus weiterfahren. Ich bin an der Grenze und werde nach der Adresse eines Hotels in der Ukraine, nach meinem Pass und dem Grund meiner Reise gefragt. Der Pass ist das Einzige, das ich ihnen zeigen kann. Irgendwann stehe ich am Busbahnhof, gehe in die Richtung, die der Busfahrer als Tsentr bezeichnet hat. Es schaut ein bisschen aus wie Wien.

Ich esse Pierogi. Ich esse Sarmale, aber sie heißen hier Holubtsi. Ich probiere sie mit Sauce. Sie schmecken mir. Wie bei Oma, heißt das Lokal. Auf Ukrainisch. Ich schicke der Oma ein Foto, wie ich ein Stamperl Vodka in der Hand halte, das ich zu einem Abendessen in einem anderen Lokal bekommen habe. Auf den Opa, schreibe ich. Hast eh genug Gewand mit, schreibt die Oma, bei uns is' schon kalt.

Ich kaufe eine Postkarte. Ich weiß nicht, wem ich sie schicken soll. Die Oma schaut aus Prinzip nicht in den Postkasten, weil das immer der Opa gemacht hat. Manchmal, wenn die Mama sie besucht, schaut sie rein und sortiert die Prospekte von den wichtigen Briefen.

Wenn eine Mahnung dabei ist, zahlt sie sie. Die Mama und die Oma reden nicht viel miteinander. Sie sitzen gemeinsam am Esstisch, manchmal spielen sie Karten, die Oma schummelt jedes Mal, die Mama tut so, als würde sie es nicht bemerken. Nur wenn die Oma einen Joker zieht, regt sich die Mama auf. Zum Abschied gibt die Oma der Mama immer ein Bussi auf die Wange.

Ich bin fünfundzwanzig und helfe der Oma beim Aufräumen. Der Dachboden hat ein Eigenleben entwickelt. Manchmal deckt sie immer noch den Tisch für den Opa, aber es kommt mittlerweile seltener vor. Manchmal erzählt sie von ihm in Präsens. Dann korrigiert sie sich selbst, bevor es jemand anderes machen könnte. Manchmal schlägt sie ein Wort auf Rumänisch im Wörterbuch nach, das sie sich am Flohmarkt einmal gekauft hat, lange, nachdem der Opa schon gestorben ist. Weil es mich interessiert, sagt sie dann, wenn man sie fragt, warum sie das jetzt wissen will, wie das auf Rumänisch heißt. Am Dachboden finden wir Fotos von Menschen, die wir nicht kennen und die niemandem von uns ähnlich schauen. Wir finden ein altes Akkordeon und eine Kuh aus Plastik, so groß wie meine Hand. Wenn man sie auf den Kopf dreht, macht sie Muh.

Ich bin achtundzwanzig und fahre wieder nach Czernowitz. Ich erzähle es niemandem. Ich fahre fast einmal im Jahr hierher. Ich buche jedes Mal ein Zimmer im selben Hotel, es fühlt sich ein bisschen an wie ein Kinderzimmer, in das man selten, aber doch immer wieder einmal zurückkommt. Manchmal gelingt es mir, dass ich dort bin, ohne jemandem zu sagen, dass ich wegfahre. Manchmal sage ich, ich fahre wellnessen. In die Therme, ein paar Tage ohne Handy. Digital Detox. Es ist mir peinlich. Es ist mir peinlich, mir eine Heimat anzudichten, die nie meine war. Mir ist die Verbundenheit peinlich, manchmal sogar die Menschen dort, die mich ansehen oder auch nicht, wenn ich an ihnen vorbeigehe. Mir ist es peinlich, dass ich mir manchmal den Namen zurückwünsche, den ich als kleines Kind getragen habe, bevor meine Eltern geheiratet haben und den ich nie aussprechen konnte. Mir ist es peinlich, dass ich mir diese Aneinanderreihung an Konsonanten herbeisehne, die es deutlich machen würde, dass da noch etwas in mir steckt. Etwas Fernes, etwas Besonderes. Etwas, wonach andere Leute fragen, woher das denn kommt. Das klingt so exotisch, würden sie sagen. Wahrscheinlich wären sie aber einfach nur rassistisch. Mir ist es peinlich, dass ich mich darüber ärgern möchte. Mir ist es peinlich, dass ich meine Unterschrift mit diesem anderen, früheren Namen so lange geübt habe, dass sie mittlerweile besser aussieht als die mit meinem echten Namen. Ich will die Franzi nicht fragen, ob sie mitfahren will, den Benni schon gar nicht. Mir ist es peinlich, dass ich geglaubt habe, ich kann mir selbst Rumänisch beibringen. Mir ist es peinlich, dass ich dachte, dass man mich damit in der Ukraine schon noch verstehen könnte. Ich kann das R in Sarmale nicht rollen. Es klingt englisch, wenn ich es ausspreche.

Der Oma geht's nicht gut, sagt die Mama. Ich schaue auf mein Handy, während wir telefonieren. Wenn ich weg bin, dann ist mein Akku leer, sage ich, nur mehr zwei Prozent. Ob ich kommen kann, fragt sie mich. Dann bin ich weg. Ich liege im Bett, über das ich sage, dass es mein Bett ist, obwohl es einer Hotelkette gehört und nicht einmal zu einem Bruchteil mir. Ich überlege, hier zu bleiben. Hier liegen. In diesem mir eigentlich fremden Bett, in dieser mir eigentlich fremden Stadt, in diesem mir eigentlich fremden Land.

Ich fahre mit dem Bus bis zur Grenze. Diesmal habe ich ein Ticket. Mittlerweile bin ich Profi. Ich fahre mit dem Zug durch die ganze Slowakei. Dort gibt es so viel Land und man kennt keinen Flecken davon. Ich fahre durch ein bisschen Österreich, durch Wien, Sankt Pölten und Linz. Es ist kalt, man sieht es sogar, obwohl es im Zug warm ist, man merkt es auch, weil in der Ablage über den Sitzen Daunenjacken neben Daunenjacken liegen. Ich komme an. Alles wirkt alt, denke ich. So alt. Hallo Mama, sage ich. Die Franzi weint.

Zita Bereuter, Claudia Czesch

Foto: Ute Hölzl

Zita Bereuter, * 1973 in Egg/Vorarlberg. Seit 2001 bei FM4, u.a. Leiterin der Literaturabteilung, Initiatorin und Organisatorin von Wortlaut. Rezensiert für FM4 und Ö1. Moderierte von 2015 bis 2020 auf 3sat beim Wettlesen um den Ingeborg-Bachmann-Preis im Garten. 2024 in der Jury für den Österreichischen Buchpreis. 2025 in der Jury für den Preis der Leipziger Buchmesse.

Claudia Czesch, geb. 1967 in Wien, arbeitet seit 1995 bei ihrem Lieblingssender FM4. Sie ist Redakteurin und stellvertretende Senderchefin.